Câncer

Previsões e Rituais

2024

Alina A. Rubi e Angeline A. Rubi

Câncer

Câncer é um signo de água simbolizado por um Câncer que caminha entre o mar e a sua margem, uma capacidade que também se reflete na sua capacidade de fundir estados emocionais e físicos.

A intuição de Câncer, que vem do seu lado emocional, manifesta-se de forma tangível e, como a segurança e a honestidade são primordiais para este signo, pode, à partida, parecer um pouco frio e distante.

Câncer revela pouco a pouco o seu espírito gentil, bem como a sua compaixão genuína e as suas capacidades psíquicas. Se tiver a sorte de ganhar a sua confiança, descobrirá que, apesar da sua timidez inicial, gosta de partilhar.

Para este amante, um parceiro é verdadeiramente a maior dádiva e ele recompensa as relações com a sua lealdade indestrutível, responsabilidade e apoio emocional. Tem tendência para ser bastante caseiro e a sua casa é um templo pessoal, um espaço onde pode exprimir a sua personalidade.

Com as suas capacidades domésticas, o Câncer é também um anfitrião sublime. Não se admire se o seu parceiro de Câncer gostar de a lisonjear com comida caseira, porque não há nada de que ele goste mais do que comida natural.

Câncer é também muito ansioso em relação aos amigos e à família, e adora assumir papéis de guardião que lhe permitam criar laços apaixonados com os seus companheiros mais próximos.

Mas nunca se esqueça de que quando Câncer investe emocionalmente em alguém, arrisca-se a confundir a linha que separa os cuidados do controlo.

Câncer tem também uma natureza inconstante como a Lua e uma propensão para a instabilidade. Câncer é o signo mais rabugento do zodíaco. Os seus parceiros têm de aprender a apreciar as suas variações emocionais e, claro, Câncer também tem de controlar o seu próprio sentimentalismo.

Os seus hábitos defensivos têm um outro lado e, quando se sente provocado, não hesita em ficar na defensiva. O canceriano deve lembrar-se de que os erros e as discussões ocasionais não fazem do seu parceiro um inimigo. Além disso, deve esforçar-se energicamente por estar presente nas suas relações.

Sendo um signo emocional e introspetivo, é fácil para si fechar-se em si próprio a maior parte do tempo e, se não se mantiver presente numa relação, da próxima vez que sair da sua concha, o seu parceiro poderá já não estar ao seu lado.

Câncer é um bom ouvinte e, quando sai da sua concha, é uma esponja emocional. O seu parceiro de Câncer absorverá as suas emoções, o que por vezes pode ser um apoio, mas outras vezes pode ser sufocante.

Não é fácil dizer se Câncer está a imitar ou a sentir empatia por si, mas como ele está tão ligado ao seu parceiro, não faz diferença.

Se o apoio emocional de Câncer está a atrapalhar a sua personalidade, o melhor é deixá-lo ir. Este signo sensível é facilmente desafiado até pela opinião mais subtil e, embora evite o conflito direto caminhando em ângulos, também pode usar os seus molares.

Este comportamento carateristicamente despreocupado e provocador é de esperar, e é raro sair com Câncer sem sentir, pelo menos uma vez, o sabor do seu mau humor caraterístico.

Devido à sensibilidade de Câncer, não é fácil discutir com ele, mas com o tempo aprenderá quais as palavras a dizer e, talvez mais importante, quais as que deve evitar. Esteja atento ao que incomoda o seu parceiro e, com o tempo, tornar-se-á mais fácil ter diálogos difíceis.

É importante saber como é que esta criatura mágica funciona no seu melhor e no seu pior. Em última análise, o mais importante a reter é que o Câncer nunca é tão indiferente como parece.

A coisa mais difícil com Câncer é romper a sua superfície dura e rígida. Por esta razão, a tolerância é fundamental quando se namorisca com Câncer. Mantenha um ritmo lento e constante e, com o tempo, ganhará confiança para revelar o seu verdadeiro eu.

Claro que este pode ser um processo longo e complicado e o mais pequeno erro pode colocar o Câncer na defensiva, pelo que dois passos em frente podem transformar-se num passo atrás. Não desanime, não é nada de pessoal, é apenas a fisiologia de um Câncer.

Câncer pode ter sexo casual, mas este signo de água doce prefere relações que tenham intimidade emocional.

Lembre-se que Câncer precisa de estar completamente confortável antes de sair da sua concha, e isto é especialmente importante quando se trata de sexualidade. Para o Câncer, a confiança alimenta-se da proximidade física.

Pode começar a cultivar uma relação sexual com Câncer, integrando-a pouco a pouco, tendo em conta o seu ritmo e as suas carícias. Isto permitirá a Câncer sentir-se mais confortável com a fusão da expressão emocional e física, certificando-se de que ele se sente protegido antes de começarem a fazer amor.

Embora Câncer seja paciente e tenda a ser extremamente leal, pois precisa de se sentir protegido e compreendido pelo seu parceiro, pode procurar intimidade com outra pessoa se sentir que estas exigências não são satisfeitas.

Câncer pode ser muito travesso, por isso qualquer relação secreta será calculada, e um Câncer perdido fará com que seja necessário levar as suas travessuras para o túmulo, ele tomará medidas adicionais para evitar que o encontro seja descoberto, enterrando as provas na praia.

De facto, mesmo o Câncer mais fiel terá segredos, mas isso não significa que seja mau ou malvado.

Toda a gente merece manter certas coisas em segredo, além de que um pouco de mistério dará um toque de mistério à relação.

Os cancerianos não têm facilidade em estabelecer uma relação séria e empenhada e, quando se sentem seguros, não querem que ela acabe.

Câncer tende a manter as relações mesmo depois de as faíscas terem desaparecido porque, muito simplesmente, Câncer tem um coração sentimental. Mas, claro, nem todas as relações são feitas para durar para sempre.

Este signo de água não pretende ser vingativo, mas quando o seu coração está partido, sabe como estabelecer limites.

Apagar o seu número de telefone, bloqueá-lo e deixar de o seguir nas redes sociais permitem-lhe proteger-se da dor durante uma separação. Por isso, se a sua relação com Câncer acabar, espere receber uma lista exaustiva de regras.

Câncer pode ser idealista, e este signo de água está certamente à procura da sua transcrição de um romance. No entanto, interage de formas diferentes com cada signo do zodíaco.

Horóscopo geral para Câncer

Este é um ano fabuloso para novos começos, novos negócios e novos projetos. O que começar agora será o foco para os próximos 5 anos da sua vida. Comece 2024 com energia, entusiasmo e excitação.

É um ano de forte relação entre a sua personalidade e a sua vida profissional, e esta interação é da maior importância.

Deseja alcançar uma posição de alguma notoriedade e ser admirado pelo seu trabalho pessoal. O sucesso é maior ou menor durante este ano, embora possa considerá-lo insuficiente devido à sua forte ambição.

A sua presença será evidente no círculo em que actua, embora outros lhe exijam responsabilidades.

Em geral, esta época promete sucesso profissional e encontrará sempre os créditos e as proteções necessárias para o alcançar.

Os seus negócios ou assuntos profissionais estarão em destaque. As relações com as pessoas em posições de autoridade, bem como com os seus pais, também são suscetíveis de desempenhar um papel importante, embora possa haver um problema sério a ser resolvido.

Deve desenvolver uma certa prudência em eventuais conflitos no domínio profissional ou empresarial.

No entanto, é uma boa altura para se concentrar nos seus objetivos e melhorar a imagem que projeta para o mundo exterior.

É um ano em que procurará constantemente novas experiências, mas a sua ânsia de ação e de mudança é suscetível de esconder o medo de estabelecer laços duradouros.

Terá dificuldade em reconhecer o lado feminino da sua natureza e em aceitar a responsabilidade pelo bem-estar de outra pessoa. Durante este ano, vai evitar compromissos, porque não quer sentir-se emocionalmente amarrado.

Os outros admirarão o seu espírito empreendedor e apreciarão o facto de não poupar responsabilidades, especialmente quando uma das suas ações arriscadas não resultar.

É um ano em que se tornará um lutador que não desiste facilmente e, se necessário, seguirá o seu próprio caminho sozinho.

O seu lado emocional estará mais sensível do que o habitual e transbordará de ternura para com todos os que o rodeiam. Especialmente os seus filhos (se os tiver) beneficiarão da sua predisposição especial para os ouvir e para ser mais recetivo às suas necessidades, bem como mais amoroso e compreensivo.

Uma vez que aprecia mais do que nunca o lado belo da vida, poderá utilizar esta disposição para a expressão criativa, eventos sociais e atividades comerciais. E é provável que entre numa relação sentimental ou que mude a sua relação atual em termos de forma e sentimento.

Pode viajar com mais frequência para os seus locais de entretenimento habituais.

Um membro da família pode também proporcionar-lhe um rendimento ou apoio financeiro.

No que diz respeito à sua saúde, esta vai ser uma altura em que vai estar muito exposto a constipações e irritações; não faria mal nenhum estar atento às suas vias respiratórias e rins.

Durante os períodos retrógrados de Mercúrio, considere as coisas ou pessoas a que quer dar uma segunda oportunidade, em vez de começar algo novo. Se se trata de algo novo, talvez tenha de o fazer de uma forma não convencional.

Conhecerá pessoas com inclinação espiritual e que moldarão a sua personalidade. Este é um bom momento para o seu despertar espiritual.

Se não tem um parceiro, lembre-se que as oportunidades não se repetem. Se está interessado em alguém, deve abordá-lo e dizer-lhe o que sente sem pensar duas vezes.

Esse pequeno ato de coragem fará toda a diferença, o início de uma história de amor.

Amor

Este pode ser um tema forte em 2024. Tudo o que desejar de bom no amor poderá ser possível depois de maio.

Tem estado a decorrer uma desintoxicação planetária na sua vida amorosa e na sua vida em geral. Esta não tem sido uma experiência agradável. Todas as experiências amorosas que tem tido são de natureza desintoxicante.

Este ano dará um passo em frente na sua vida amorosa e dará uma nova força à sua relação. A vossa relação será mais forte do que antes e a confiança mútua entre os dois aumentará.

Durante este ano, compreenderá os sentimentos do seu parceiro e dará importância às suas opiniões. Não tente impor os seus pensamentos, caso contrário poderá surgir tensão na sua vida amorosa.

Poderá ter de lidar com mexericos desnecessários, pelo que deverá ser muito discreto em relação à sua vida privada.

Haverá alturas em que desejará acabar com o seu parceiro. Tudo isto pode ser controlado, ou evitado, se tiver cuidado com as coisas importantes da sua vida amorosa.

Os solteiros terão muitas oportunidades de iniciar relações românticas durante os primeiros três meses do ano. Durante o segundo trimestre, os relacionamentos serão fugazes.

Está a chegar gradualmente ao fim de uma transformação lenta. Deve continuar a dar passos lentos, mas firmes. Deve agir mais seriamente nas suas relações, o que não significa que tenha de pôr de lado a diversão.

Precisa de se empenhar mais na sua relação, pois está praticamente a levar uma vida de solteiro, mas usufrui dos benefícios da existência a dois. Precisa de aprender a tomar decisões com o seu parceiro.

Pode sentir-se um pouco inseguro a partir de março, mas não é nada que uma escapadela em família não possa resolver.

Durante os períodos de Lua Cheia, levará o amor mais a sério e esforçar-se-á por se aproximar das pessoas com quem tem uma forte ligação.

Viverá alguns meses com alguma incerteza. Começará uma relação que, no início, se baseará apenas no sexo, mas que se envolverá emocionalmente e confessará que se está a apaixonar.

Durante este ano, as suas relações pessoais tornam-se o centro das atenções. Necessita de contactar com as pessoas e preocupa-se com a impressão que elas têm de si. É tempo de examinar o seu comportamento em relação às outras pessoas, especialmente ao seu parceiro, e de considerar possíveis ajustamentos e retificações.

Mais do que nunca, poderá aperceber-se de que precisa da cooperação dos outros para atingir os seus objetivos e que a melhor forma de encontrar um sentido para a sua vida, individualidade e poder reside nas parcerias e relações.

O envolvimento em atividades conjuntas levanta questões que lhe permitirão definir mais claramente quem é.

A sua identidade será moldada e cimentada pelos altos e baixos e pelas complicações com que se depara ao tentar estabelecer parcerias vitais e sinceras.

Economia

Este ano traz muita energia positiva para as negociações em que tem estado a trabalhar, especialmente em situações em que tem de discutir assuntos importantes.

É possível que venha a ocupar um novo cargo que lhe permita mostrar os seus talentos. Se tem uma presença nas redes sociais, certifique-se de que a mantém atualizada.

Não perca tempo e planeie com antecedência. Se tem o seu próprio negócio, está na altura de sair da rotina.

Se tem estado desempregado e à procura de emprego, a sua sorte melhora, especialmente se tiver experiência ou competências específicas.

Poderá ganhar muito dinheiro em empresas independentes, o que o poderá beneficiar no futuro. Se trabalhar por conta própria, também verá resultados espetaculares.

Durante o ano, terá algumas dificuldades financeiras, mas estas serão de pouca monta. Aqueles que desejarem explorar mais os seus talentos poderão fazê-lo. Se não precisa de gastar muito, não o faça, e também não será bom pedir dinheiro emprestado. É preciso começar a poupar muito mais, pois este é um ano difícil.

A arte de ganhar dinheiro consiste, acima de tudo, em aproveitar as oportunidades. É preciso pôr fim a todas as atividades sem sentido, não planeadas e não ordenadas e planear uma melhor estratégia para ganhar dinheiro. Se não definir os seus objetivos, não será bem-sucedido.

Aprendeu muitas lições sobre finanças durante 2023. Neste novo ano, devido a todo esse conhecimento, quando tiver de tomar uma decisão, deixará de lado a impulsividade e recorrerá à paciência e à tolerância. Todas as suas transações comerciais serão lucrativas.

Receberá propostas que lhe permitirão escolher entre diferentes opções vantajosas para crescer na sua área profissional. Deve analisar cuidadosamente todos os pormenores para que a sua decisão final seja a que lhe trará mais benefícios.

Não deixe que os seus erros se acumulem sem ser notados devido à sua excessiva passividade, pois se isso acontecer a situação pode tornar-se crítica.

Este é o ano para acordar e agir. Todas as decisões que precisa de tomar estão dentro das suas capacidades.

Tem a capacidade de mudar o seu futuro, dê asas à sua imaginação. Deve começar a conceber projectos que possam gerar um rendimento extra e uma nova forma de trabalhar.

Os períodos de retrogradação de Mercúrio terão impacto na sua área profissional. Isto pode significar que, se não gosta do que faz, irá fazer uma mudança profissional. A altura em que sentirá esta energia mais fortemente é quando o Eclipse Solar de 8 de abril ocorrer na sua esfera profissional.

Família

Esta é uma área importante para si. Em geral, indica uma mudança para uma casa maior e mais espaçosa ou a renovação da que tem.

A gravidez não seria uma surpresa, especialmente se estiver a tentar.

A sua compaixão natural manifestar-se-á através de ações dirigidas às pessoas do seu círculo familiar que se perderam e precisam de ajuda.

A partir de uma posição mais compreensiva, tentará cumprir o seu papel familiar, mas fá-lo-á sem julgamentos, com um espírito mais aberto, o que fará com que os seus familiares olhem para si e procurem a sua opinião na resolução de assuntos familiares.

A sua energia vital e a sua vontade, a meio do ano, parecem estar em conflito com o seu lado emocional, e pode ter a impressão de que as circunstâncias estão contra si, pois sente falta de apoio e de afeto por parte dos que o rodeiam. Pode até haver algumas trocas tensas com um familiar querido. Mas não se preocupe, isto passará rapidamente sem consequências substanciais. Ser paciente e flexível ajudará.

Câncer Saúde

Lembre-se que o problema de saúde mais comum no início do ano chama-se stress. Ter de lidar com todas as dívidas que temos devido às despesas de fim de ano pode ser avassalador. É por isso que é importante ser realista e paciente.

É a altura ideal para experimentar coisas como a meditação e melhorar a qualidade do seu sono, o que trará muitos benefícios para a sua saúde mental.

Lembre-se de pensar positivo e de ser otimista, pois as emoções positivas melhoram o fluxo de energia.

É possível que este ano sofra de alergias. Não deixe de fazer alterações saudáveis na sua alimentação. Deve complementar a sua alimentação com suplementos ou vitaminas para reforçar a sua imunidade.

Em geral, os seus problemas de saúde podem estar relacionados com os nervos, preocupações excessivas e descanso insuficiente.

Poderá sentir a necessidade de purificar os seus hábitos e de se tornar mais regulado e sério. Aproveite este ano para fazer algo pela sua saúde através do desporto, de uma alimentação saudável e de exercícios de ioga.

Datas importantes

- ***17/06 Vénus entra em Câncer.*** *Durante este trânsito, o seu desejo de segurança e estabilidade emocional aumenta. Poderá expressar amor e afeto através de atos de bondade, procurando conforto em ambientes seguros. Esta é uma altura para reforçar os laços nas relações existentes e explorar experiências emocionais partilhadas.*

- ***17/06 Mercúrio entra em Câncer.*** *Este trânsito indica mudanças inesperadas no trabalho. Ser-lhe-á pedido que tome medidas práticas para progredir pessoalmente, que equilibre os seus rendimentos e que mantenha a fluidez das suas relações pessoais.*

  A sua área profissional sofrerá flutuações com efeitos negativos, uma vez que não poderá aproveitar todas as oportunidades devido a uma mudança súbita de local de trabalho.

- ***06/20 O Sol entra em Câncer***

- ***05/07 Lua Nova em Câncer.*** *As Luas Novas são tradicionalmente alturas de novos começos. O que começa pode ser o foco para os próximos 6 meses da sua vida.*

- ***De 4/9 a 3/11 Marte transita para Câncer.*** *O planeta Marte no seu signo traz geralmente muita energia e impulso para novos começos e projectos. Isto pode ajudá-lo a lançar-se num novo projeto que irá empreender durante os próximos 2 anos da sua vida.*

Introdução

Neste livro oferecemos-lhe vários feitiços e rituais para que possa atrair a abundância económica para a sua vida no ano 2024, porque este será um ano de muitos desafios.

Quando tudo parece estar a ir por água abaixo, a ajuda espiritual é oportuna.

A magia funciona. A maioria das pessoas de sucesso, acredite ou não, pratica-a, mas é claro que não lho dirão. Elas alcançaram os seus triunfos porque realizaram cuidadosamente alguns dos rituais que lhe oferecemos neste livro.

Se está cansado de falhar no amor nos últimos anos, comprou o livro certo, porque a sua vida amorosa vai mudar completamente quando realizar os rituais que recomendamos.

Os feitiços de saúde e os rituais de magia branca ajudá-lo-ão a manter ou a melhorar a sua saúde, mas nunca se esqueça de que não substituem qualquer médico ou os tratamentos que este lhe prescreve.

Os feitiços de saúde são muito populares no mundo da magia, depois dos feitiços de amor ou de dinheiro, os feitiços de saúde são muito procurados devido à sua grande eficácia, embora não sejam fáceis de lançar porque a saúde é um assunto delicado.

Há um número infinito de razões pelas quais um ritual ou feitiço pode não funcionar, e cometemos erros sem nos apercebermos.

A energia do ritual é desperdiçada se demasiadas pessoas souberem o que se está a fazer.

Para obter resultados positivos, devemos praticá-los no momento certo.

Estes períodos mágicos estão relacionados com a astrologia e devemos conhecê-los e programar os nossos rituais para estes períodos que serão os mais adequados para realizar a nossa magia.

janeiro de 2024

Domingo	Segunda-feira	Terça-feira	Quarta-feira	Quinta-feira	Sexta-feira	Sábado
	1				5	
	8		10	11 Lua Nova		
21		23		25 Lua Cheia	26	
	29	30	31			

11 de janeiro de 2024 Lua Nova Capricórnio 20°44'

25 de janeiro de 2024 Lua Cheia   Leão5°14

<h2 style="text-align:center">Os melhores rituais para o dinheiro</h2>

Quinta-feira, 11 de janeiro de 2024 *(dia de Júpiter). Lua Nova em Capricórnio, signo de estabilidade. Bom dia para organizar os nossos objetivos, as nossas vocações, a nossa carreira, para obter honras. Para pedir um aumento, para fazer apresentações, para falar em público. Para feitiços relacionados com o trabalho ou o dinheiro. Rituais relacionados com a obtenção de promoções, as relações com os superiores e a obtenção de sucesso.*

Quinta-feira 25 de janeiro de 2024 *(dia de Vénus) Favorável para feitiços de dinheiro, amor e assuntos legais. Rituais relacionados com a prosperidade e a obtenção de emprego.*

Ritual para a sorte no jogo

Num bilhete de lotaria, escreve-se o montante que se pretende ganhar na frente do bilhete e, no verso, o nome. Queima-se o bilhete com uma vela verde. Recolhe as cinzas num papel violeta e enterra-as.

Ganhar dinheiro com a Taça da Lua. Lua Cheia

É necessário:
- 1 copo de cristal
- 1 prato grande
- Areia fina
- Brilho dourado (purpurina)
- 4 chávenas de sal marinho
- 1 quartzo de malaquite
- 1 chávena de água do mar, do rio ou sagrada
- Paus de canela ou canela em pó
- Manjericão seco ou fresco
- Salsa fresca ou seca
- Grãos de milho
- 3 notas das denominações atuais

Coloque no copo as três notas dobradas, os paus de canela, os grãos de milho, a malaquite, o manjericão e a salsa. Misture a purpurina com a areia e junte-a ao copo até ficar completamente cheio. Sob a luz da Lua Cheia, coloque o prato com as quatro chávenas de sal marinho.

Colocar a chávena no meio do prato, rodeada de sal. Deitar a chávena de água sagrada no prato, de modo a humedecer bem o sal, deixar toda a noite à luz da Lua Cheia e parte do dia até a água se evaporar e o sal ficar novamente seco.

Adicionar quatro ou cinco grãos de sal ao copo e deitar o resto.

Leve o copo para dentro de casa, para um local visível ou para o local onde guarda o seu dinheiro.

Em cada dia de Lua Cheia, espalharás um pouco do conteúdo da taça em todos os cantos da tua casa e varrerás no dia seguinte.

Os melhores rituais para o amor

Sexta-feira, 19 de janeiro de 2024 *(dia de Vénus).*
Adequado para feitiços ou rituais relacionados com o amor, contratos e parcerias.

Feitiço para adoçar a pessoa amada

Escreve-se o nome completo da pessoa amada e o nosso próprio nome por cima, sete vezes, num papel castanho.

Coloca-se este papel num copo de vidro e coloca-se mel, canela, um quartzo rosa e pedaços de casca de laranja.

Enquanto faz o ritual, repita na sua mente: "Eu adoço-te e só o verdadeiro amor reina entre nós". Guarde-o num local escuro.

Ritual para atrair o amor

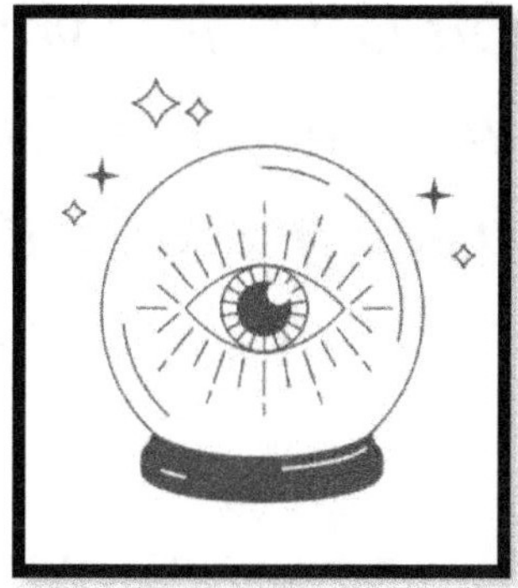

É necessário

- Óleo de rosa

- 1 quartzo rosa

- 1 maçã

- 1 rosa vermelha num vaso pequeno

- 1 rosa branca num vaso pequeno

- 1 fita vermelha comprida

- 1 vela vermelha

Para uma eficácia máxima, este ritual deve ser realizado numa sexta-feira ou num domingo, à hora do planeta Vénus ou Júpiter.

É necessário consagrar a vela antes de iniciar o ritual com óleo de rosas. Acender a vela. Corte a maçã em dois pedaços e coloque um no vaso de rosas vermelhas e outro no vaso de rosas brancas. Atar a fita vermelha à volta dos dois vasos. Deixe-os ao lado da vela durante a noite até a vela se apagar. Enquanto faz isto, repita no seu pensamento: "Que apareça no meu caminho a pessoa destinada a fazer-me feliz, eu recebo-a e aceito-a".

Quando as rosas estiverem secas, enterra-as, juntamente com as metades das maçãs, no teu quintal ou num vaso com o quartzo rosa.

Para atrair um amor impossível

É necessário:
- 1 rosa vermelha
- 1 rosa branca
- 1 vela vermelha
- 1 vela branca
- 3 velas amarelas
- Fonte de vidro
- Pentáculo #4 de Vénus

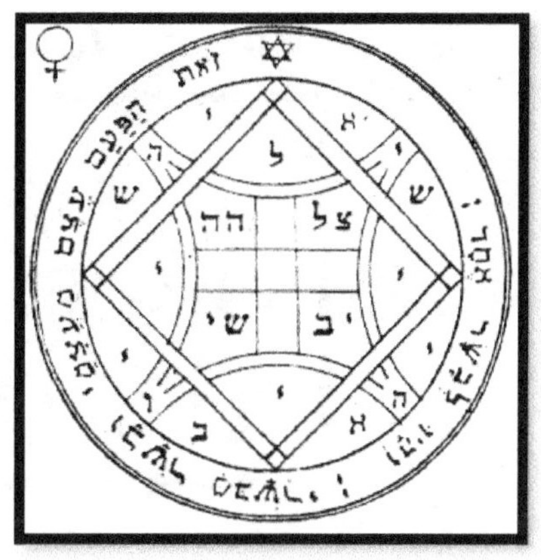

Pentáculo nº 4 de Vénus.

Coloca-se as velas amarelas em forma de triângulo. Escreva no verso do pentagrama de Vénus os seus desejos de amor e o nome da pessoa que deseja na sua vida, coloque a fonte em cima do pentagrama, no meio. Acende-se a vela vermelha e a vela branca e colocam-se na fonte juntamente com as rosas. Repete-se esta frase: "Universo, faça entrar no meu coração a luz do amor de (nome completo)".

Repete-se isto três vezes. Quando as velas se apagarem, leva-se tudo para o pátio e enterra-se.

<h1 style="text-align:center">*Os melhores rituais para a saúde*</h1>

Terça-feira, 30 de janeiro de 2024 (dia de Marte). *Para se proteger ou recuperar a sua saúde.*

Feitiço para proteger a saúde dos nossos animais de estimação

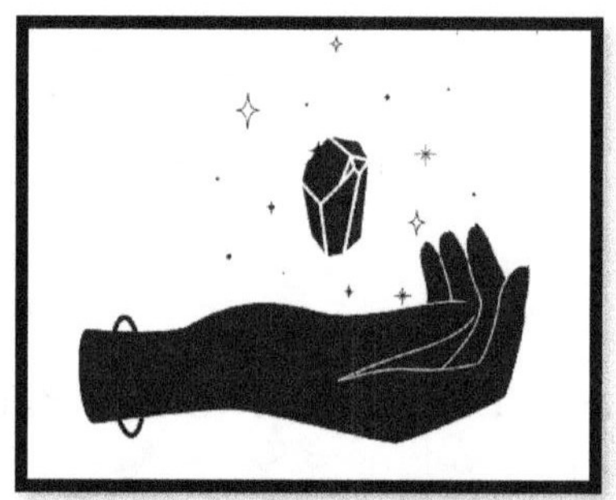

Ferver água mineral, tomilho, alecrim e hortelã. Quando arrefecer, coloque-a num frasco de spray em frente de uma vela verde e de uma vela dourada.

Quando as velas forem consumidas, deve utilizar este spray no seu animal de estimação durante nove dias. Principalmente no peito e nas costas.

Feitiço para melhoria imediata

Deve obter uma vela branca, uma verde e uma amarela.

Consagrá-los (desde a base até ao pavio) com essência de pinheiro e colocá-los numa mesa com uma toalha azul-clara, em forma de triângulo.

No centro, coloque um pequeno recipiente de vidro com álcool e uma pequena ametista.

Na base do recipiente, um pedaço de papel com o nome da pessoa doente ou uma fotografia com o seu nome completo e data de nascimento no verso.

Acende-se as três velas e deixa-se acender até que estejam completamente consumidas.

Durante a realização deste ritual, visualize a pessoa completamente saudável.

Feitiço de emagrecimento

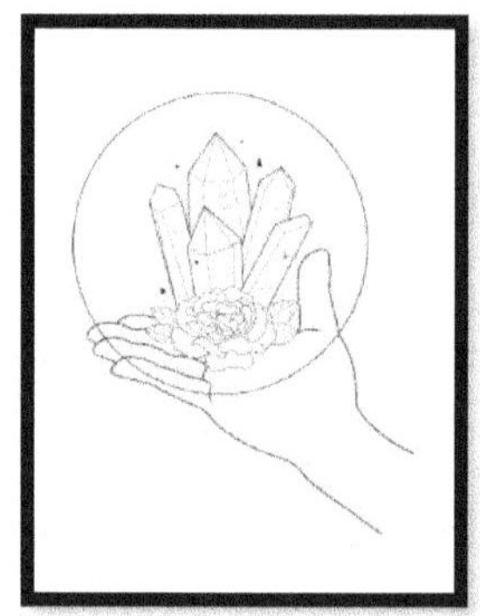

Pica-se o dedo com um alfinete e coloca-se 3 gotas de sangue e uma colher de açúcar num pedaço de papel branco, depois fecha-se o papel e envolve-se o sangue com o açúcar.

Coloca-se este papel num recipiente de vidro novo e sem padrão, enche-se o copo até meio com a sua urina, deixa-se passar a noite em frente a uma vela branca e enterra-se no dia seguinte.

Rituais para o mês de fevereiro

fevereiro de 2024

Domingo	Segunda-feira	Terça-feira	Quarta-feira	Quinta-feira	Sexta-feira	Sábado
				1		
	5			8	9 Lua Nova	10
			21		23 Lua Cheia	
25	26			29		

9 de fevereiro de 2024 Lua Nova Aquário 20°40

23 de fevereiro de 2024 Lua Cheia Virgem 5°22

Os melhores rituais para ganhar dinheiro

9 de fevereiro de 2024 (Dia de Vénus). Nesta fase, trabalhamos para aumentar ou atrair qualquer coisa. Neste ciclo, fazemos pedidos para que o amor venha, para que o dinheiro aumente nas nossas contas, ou para o nosso prestígio no trabalho.

Ritual para aumentar a clientela. Lua Crescente Gibosa

É necessário:
- *5 folhas de arruda*
- *5 folhas de verbena*
- *5 folhas de alecrim*
- *5 grãos de sal marinho grosso*
- *5 grãos de café*
- *5 grãos de trigo*
- *1 pedra magnética*
- *1 saco de pano branco*
- *Fio vermelho*
- *Tinta vermelha*
- *1 cartão de visita*
- *1 vaso com uma planta verde grande*
- *4 quartzo citrino*

Coloque todos os materiais dentro do saco branco, exceto o íman, o cartão e as citrinas. Depois, cosa-o com linha vermelha e escreve o nome da empresa no exterior com tinta vermelha. Durante uma semana inteira, deixe o saco debaixo do balcão ou numa gaveta da sua secretária.

Passado esse tempo, enterra-a no fundo do vaso juntamente com a pedra íman e o cartão de visita. Finalmente, coloque as quatro citrinas em cima da terra do vaso na direção dos quatro pontos cardeais.

Feitiço para ser próspero

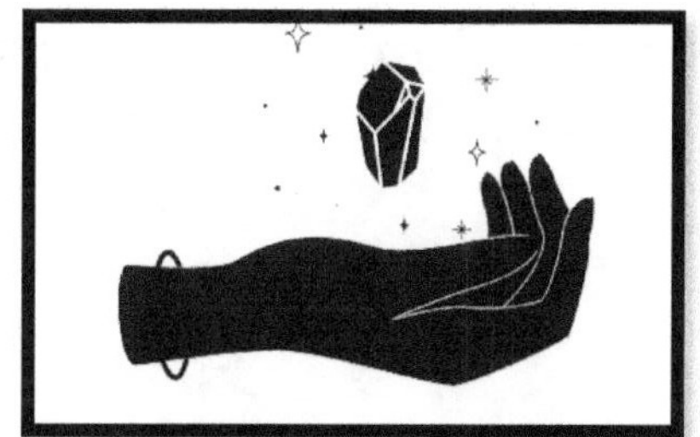

É necessário:

- 3 pirites ou quartzo citrino

- 3 moedas de ouro

- 1 vela dourada

- 1 saqueta vermelha

No primeiro dia da Lua Nova, coloca-se uma mesa perto de uma janela; sobre a mesa, colocam-se as moedas e o quartzo em forma de triângulo. Acende a vela, coloca-a no meio e, olhando para o céu, repete três vezes a seguinte oração

"Lua que ilumina a minha vida, usa o poder que tens para me atraíres dinheiro e faz com que estas moedas se multipliquem".

Quando a vela tiver ardido, coloque as moedas e o quartzo com a sua mão direita no saco vermelho, leve-o sempre consigo, será o seu talismã para atrair dinheiro, ninguém lhe deve tocar.

Os melhores rituais para o amor
11, 22, 25 de fevereiro de 2024. Para feitiços ou rituais relacionados com o amor, os contratos e as parcerias.

Ritual para consolidar o amor

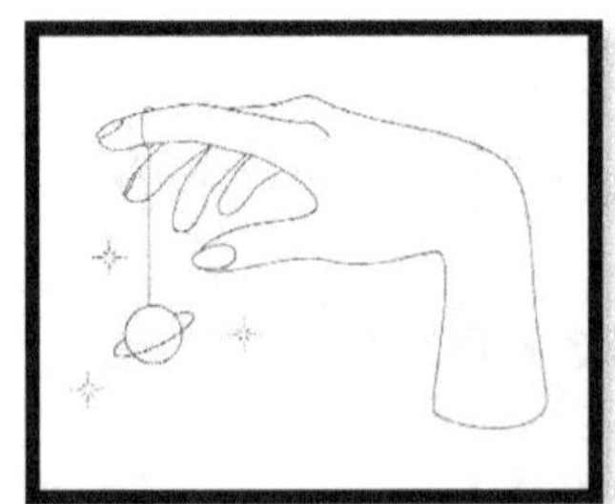

Este feitiço é mais eficaz durante a fase de Lua Cheia.

É necessário:
- 1 caixa de madeira

- Fotografias
- Mel
- Pétalas de rosa vermelha
- 1 quartzo ametista
- Paus de canela

Pega nas fotografias, escreve os seus nomes completos e datas de nascimento, coloca-as dentro da caixa de forma a ficarem viradas uma para a outra.

Juntar o mel, as pétalas de rosa, a ametista e a canela.

Coloca a caixa debaixo da tua cama durante treze dias. Passado este tempo, retira a ametista da caixa e lava-a com água da Lua.

Deve ser guardado como um amuleto para atrair o amor que deseja. O resto deve ser levado para um rio ou uma floresta.

Ritual para resgatar um amor em decadência

É necessário:
- 2 velas vermelhas
- 1 pedaço de papel amarelo
- 1 envelope vermelho
- 1 lápis vermelho
- 1 fotografia da pessoa amada e 1 fotografia sua
- 1 recipiente metálico
- 1 fita vermelha
- Agulha de costura nova

Este ritual é mais eficaz durante a fase de Lua Crescente e numa sexta-feira à hora do planeta Vénus ou do Sol. Deve consagrar as suas velas com óleo de rosas ou canela.

Escreve o seu nome e o nome do seu parceiro no papel amarelo com o lápis vermelho. Escreve também o que desejas com palavras curtas, mas precisas. Escreve os nomes em cada vela com a agulha de costura. Acende as velas e coloca o papel entre as fotografias, frente a frente, e ata-as com a fita. Queima as fotografias no recipiente metálico com a vela que tem o teu nome e repete em voz alta:

"O nosso é reforçado pela força do universo e de todas as energias que existem ao longo do tempo".

Coloca-se as cinzas no envelope e, quando as velas estiverem queimadas, coloca-se o envelope debaixo do colchão, na cabeceira da cama.

Os melhores rituais para a saúde

4,12,19 de fevereiro de 2024. Este período é aconselhável para intervenções cirúrgicas, pois favorece a capacidade de cicatrização.

Ritual para a saúde

Ferver várias pétalas de rosa branca, alecrim e arruda numa panela. Quando arrefecer, juntar a essência de rosas e o óleo de amêndoas. Acenda cinco velas roxas na sua casa de banho, que consagrou previamente com óleo

de laranja e de eucalipto. Numa das velas deve escrever o nome da pessoa. Tome um banho com esta água e, enquanto toma banho, deve visualizar que as doenças não se aproximarão de si ou da sua família.

Ritual para a saúde na fase da Lua Crescente

Num pedaço de papel de alumínio, coloca-se sal marinho, 3 dentes de alho, 4 folhas de louro, 5 folhas de arruda, uma turmalina preta e um pedaço de papel com o nome da pessoa. Dobra-se o papel e ata-se com uma fita roxa. Leva este amuleto contigo no bolso do teu casaco ou na tua carteira.

março de 2024

Domingo	Segunda-feira	Terça-feira	Quarta-feira	Quinta-feira	Sexta-feira	Sábado
					1	
		5			**8**	**9**
10 Lua Nova						
				21		**23**
24 Lua Cheia	**25**	**26**			**29**	**30**
31						

10 de março de 2024 Peixes Lua Nova 20°16'.

24 de março de 2024 Lua Cheia Libra 5°07' (Eclipse Lunar Penumbral 5°13')

Os melhores rituais para ganhar dinheiro

8,10,22 de março de 2024. Rituais relacionados com a prosperidade e a obtenção de emprego.

Feitiço para ter sucesso em entrevistas de emprego.

Colocar três folhas de salva, manjericão, salsa e arruda num saco verde. Acrescentar um quartzo olho de tigre e uma malaquite.

Feche o saco com uma fita dourada. Para o ativar, coloque-o na sua mão esquerda ao nível do coração e, alguns centímetros acima, coloque a sua mão direita, feche os olhos e imagine uma energia branca a sair da sua mão direita em direção à sua mão esquerda, cobrindo o saco.

Guarda-se na carteira ou no bolso.

Ritual para que o dinheiro esteja sempre presente na sua casa.

É necessário um frasco de vidro branco, feijão preto, feijão vermelho, sementes de girassol, grãos de milho, grãos de trigo e um incenso de mirra.

Coloca-se tudo na garrafa pela mesma ordem, fecha-se com uma tampa de cortiça e deita-se o fumo do incenso na garrafa. Depois, coloca-a como decoração na sua cozinha.

Feitiço cigano para a prosperidade

Arranja um pote de barro de tamanho médio e pinta-o de verde. No fundo, coloque um pouco de mirra, uma moeda e algumas gotas de azeite. Cubra-o com uma camada de terra e coloque sementes da sua planta *preferida. Acrescenta canela e mais terra. Deve guardá-lo na sala de jantar da sua casa e regá-lo para que cresça.*

Os melhores rituais para o amor

1, 17, 24, 29 de março de 2024

Ritual para afastar problemas de relacionamento

Este ritual deve ser praticado durante o Eclipse Lunar ou a fase de Lua Cheia.

É necessário:
- 1 fita branca
- 1 tesoura nova
- 1 birós vermelhos

Escreve na fita branca, com tinta vermelha, o problema que estás a ter e o nome da pessoa. Depois, corta-a em sete pedaços com a tesoura e, enquanto o fazes, repete-o em voz alta:

"Este é o meu problema. Quero que te vás embora e nunca mais voltes. Por favor, leva-o para longe de mim. É assim que as coisas são.

Colocar tudo num saco preto e enterrar.

Laços de amor

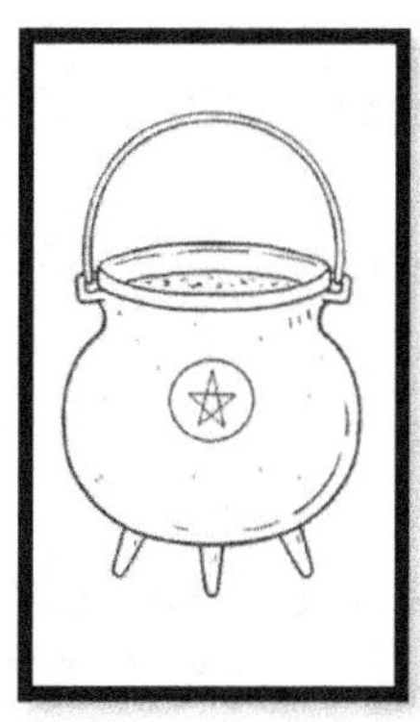

É necessário:

- Boa relva

- Manjericão

- Fotografia de corpo inteiro da pessoa amada sem óculos

- Fotografia de corpo inteiro de si sem óculos

- 1 lenço de seda amarelo

- 1 caixa de madeira

Colocar as duas fotografias no interior da caixa com o nome escrito no verso de cada uma. Colocar o lenço amarelo no interior e polvilhar com o manjericão e a erva boa. Deixe-a exposta às energias da lua. No dia seguinte, enterre-o num local onde ninguém saiba. Quando estiver a abrir o buraco, visualize o que deseja. Quando chegar a Lua Cheia, desenterre a caixa e atire-a para um rio ou para o mar.

Os melhores rituais para a saúde

Qualquer dia exceto sábado.

Feitiço de depressão

Pega num figo com a mão direita e coloca-o no lado esquerdo da boca, sem o mastigar nem engolir. Depois, pega numa uva com a mão esquerda e coloca-a no lado direito da boca, sem a mastigar. Quando tiveres os dois frutos na boca, os morderes ao mesmo tempo e os engolires, a frutose que emanam dar-te-á energia e alegria.

Feitiço de recuperação

Elementos necessários:

-1 vela branca ou cor-de-rosa

-Pétalas de   rosa

-Óleo de eucalipto

-Óleo de limão

-Óleo de laranja

Deve escrever com uma agulha de costura o nome da pessoa que precisa do feitiço. Consagra a vela com os óleos sob a lua cheia, repetindo: "Terra, Ar, Fogo, Água trazem Paz, Saúde, Alegria e Amor à vida de (diz o nome da pessoa)". Deixar a vela arder completamente. Os restos podem ser deitados fora em qualquer lugar.

abril de 2024

Domingo	Segunda-feira	Terça-feira	Quarta-feira	Quinta-feira	Sexta-feira	Sábado
	1				5	
	8 Lua Nova	9	10			
21	22 Lua Cheia	23		25	26	
	29	30				

8 de abril de 2024 Lua Nova e Eclipse Solar Total em Áries 19°22   '.

22 de abril de 2024 Escorpião Lua Cheia 23°:48'

8, 7, 13, 22 de abril de 2024

Feitiço Abrir Caminhos para a Abundância.

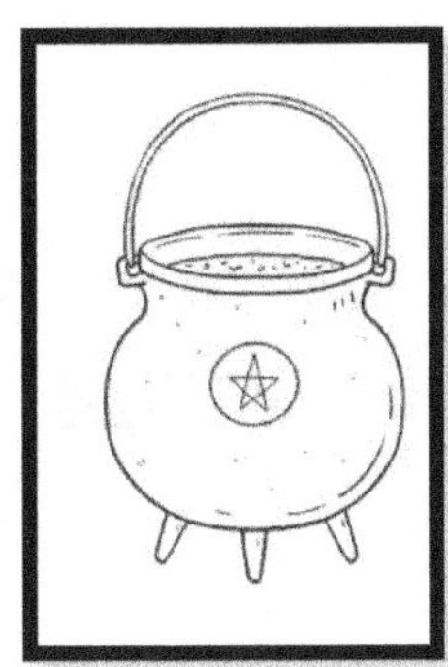

É necessário:
- Loureiro
- Romero
- 3 moedas de ouro
- 1 vela dourada
- Vela de prata
- 1 vela branca

Realizar após 24 horas da Lua Nova.

Colocar as velas em forma de pirâmide, colocar uma moeda ao lado de cada uma e as folhas de louro e de alecrim no meio deste triângulo. Acender as velas por esta ordem: primeiro as prateadas, as brancas e as douradas. Repetir esta invocação: "Pelo poder da energia purificadora e da energia infinita, invoco a ajuda de todas as entidades que me protegem para curar a minha economia".

Deixe as velas arderem completamente e guarde as moedas na sua carteira; estas três moedas não podem ser gastas. Quando o louro e o alecrim estiverem secos, queime-os e passe o fumo deste incenso pela sua casa ou empresa.

Os melhores rituais para o amor
2, 13, 17 de abril de 2024

Laços de amor marroquinos

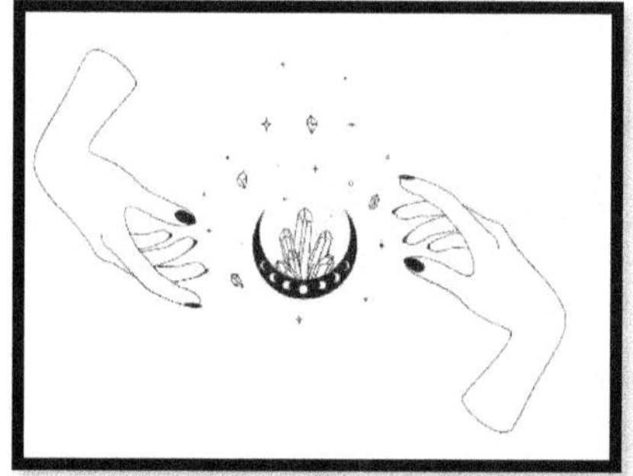

É necessário:
- Saliva da outra pessoa
- Sangue de outra pessoa

- Água de rosas
- 1 lenço vermelho
- Fio vermelho
- 1 quartzo rosa
- 1 turmalina preta

Coloca-se o lenço vermelho sobre uma mesa. Coloca-se a terra em cima do lenço e, por cima, a saliva, o quartzo rosa, a turmalina negra e o sangue da pessoa que se quer atrair. Borrifa-se água de rosas em tudo e ata-se o lenço com o fio vermelho, tendo cuidado para que os componentes não se soltem. Deve-se enterrar este lenço.

Feitiço para adoçar a pessoa amada

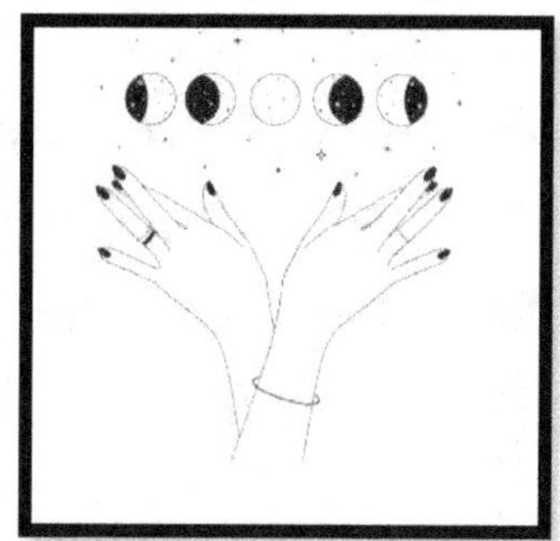

Escreve-se o nome completo da pessoa amada e o seu por cima sete vezes num papel castanho. Coloca-se este papel dentro de um copo de cristal e coloca-se mel, canela, um quartzo rosa e pedaços de casca de laranja. Enquanto faz o ritual, repita na sua mente: "Eu adoço-te e só o verdadeiro amor reina entre nós".

Guarde-o num local escuro.

Os melhores rituais para a saúde

13, 21 e 27 de abril de 2024.

Feitiço romano para uma boa saúde

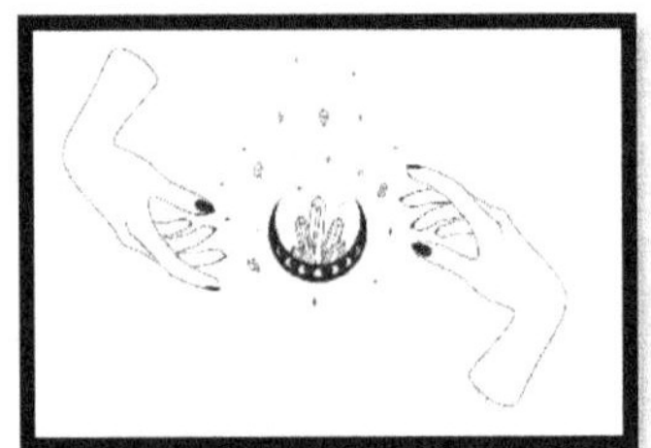

Deve juntar cinco folhas de alecrim, arruda e pétalas de rosa branca e fervê-las. Colocar o preparado, quando estiver frio, durante três horas em cima do terceiro pentagrama de Mercúrio. Acrescentar essência de sândalo, rosa e óleo de lavanda. Oferecer estes banhos aos Anjos da Guarda da criança durante cinco dias, acendendo uma vela roxa para transformar o negativo em positivo, que deve ser previamente consagrado com óleo de tangerina.

Terceiro Pentáculo de Mercúrio

Rituais para o mês de maio

maio de 2024

Domingo	Segunda-feira	Terça-feira	Quarta-feira	Quinta-feira	Sexta-feira	Sábado
			1			
5			8 Lua Nova	9	10	
		21	22 Lua Cheia	23		25
26			29	30	31	

8 de maio de 2024 Lua Nova de Touro 18°01'.

22 de maio de 2024 Lua Cheia Sagitário 2°54'

Os melhores rituais para ganhar dinheiro

6, 13, 21, 25 de maio de 2024

Lua Crescente "Íman de Dinheiro"

É necessário:

- 1 copo de vinho vazio

- 2 velas verdes

- 1 punhado de arroz branco

- 12 moedas com curso legal

- 1 íman

- Arroz branco

Acender as duas velas, uma de cada lado do copo de vinho. No fundo do copo, coloca-se o íman. De seguida, pega numa mão cheia de arroz branco e coloca-a no copo. De seguida, coloca as doze moedas dentro do copo. Quando as velas estiverem queimadas até ao fim, coloque as moedas no canto da prosperidade da sua casa ou da sua empresa.

Feitiço para limpar a negatividade em sua casa ou empresa.

É necessário:
- Uma casca de ovo
- 1 ramo de flores brancas
- Água sagrada ou água da lua cheia
- Leite
- Canela em pó
- Novo balde de limpeza
- Esfregona nova

Começa por varrer a sua casa ou empresa de dentro para fora da rua, repetindo na sua mente para deixar sair o negativo e entrar o positivo. Mistura todos os ingredientes no balde e limpa o chão de dentro para fora da porta da rua.

Deixa-se secar o chão e varre as flores para a porta da rua, apanha-as e deita-as no lixo juntamente com o balde e a esfregona. Não tocar em nada com as mãos.

Deve-se fazer isto uma vez por semana, de preferência na altura do planeta Júpiter.

Os melhores rituais para o amor
22 de maio Lua Cheia.

Laços de amor inquebráveis

É necessário:
- 1 fita Verde
- 1 marcador vermelho

Pega na fita verde e escreve o teu nome completo e o nome da pessoa que amas com tinta vermelha. Depois escreve três vezes as palavras: amor, vénus e paixão. Ata a fita à cabeceira da tua cama e todas as noites dá um nó durante nove noites consecutivas. Passado esse tempo, atas a fita com três nós no teu braço esquerdo. Quando a fita se partir, queima-se e deita-se as cinzas no mar ou num local onde corra água.

Este ritual é mais eficaz se for realizado durante a fase de Lua Crescente e numa sexta-feira, na altura do planeta Vénus.

É necessário:
- 1 colher de sopa de mel
- 1 Pentáculo # 5 de Vénus.
- 1 pincel com tinta vermelha
- 1 vela branca
- 1 agulha de costura nova

Pentáculo nº 5 de Vénus.

Deve escrever no verso do pentagrama de Vénus com tinta vermelha o nome completo da pessoa que ama e como quer que ela se comporte consigo, deve ser específico. Em seguida, mergulhe-o no mel e enrole-o à volta da vela para que fique colado à vela. Fixe-o com a agulha de costura. Quando a vela se apagar, enterre os restos e repita em voz alta: "O amor de (nome) só a mim pertence".

Chá para esquecer um amor

É necessário:
- 5 folhas de hortelã
- 1 colher de sopa de mel
- 3 paus de canela

Ferva todos os ingredientes numa chávena de água e deixe em infusão. Beba-o pensando em todo o mal que essa pessoa lhe fez. Os homens devem beber na terça ou quarta-feira à noite antes de se deitarem e as mulheres na segunda ou sexta-feira antes de se deitarem.

Ritual de unhas para o amor

Cortam-se as unhas das mãos e dos pés e colocam-se numa panela de metal em lume médio para torrar todos os resíduos das unhas. Retira-as e tritura-as até ficarem em pó. Dá este pó ao seu parceiro na sua bebida ou refeição.

.

Os melhores rituais para a saúde

Qualquer dia de maio de 2024. Exceto aos sábados.

Fórmula mágica para uma pele luminosa

Misture oito colheres de sopa de mel, oito colheres de chá de azeite, oito colheres de sopa de açúcar mascavado, uma casca de limão ralada e quatro gotas de sumo de *limão. Quando se tornar uma massa suave, massaje-a em todo o corpo durante cinco minutos.*

Em seguida, toma-se banho com água quente e fria alternadamente.

Feitiço para curar dor de dente

É preciso fazer uma estrela de cinco pontas com sal marinho, grande porque é preciso ficar no meio dela.

Em cada extremidade, coloca-se uma vela preta e o símbolo do Tetragrammaton (pode imprimir a imagem), folhas de alecrim, folhas de louro, cascas de maçã e folhas de alfazema.

Quando for 12:00, coloca-se no centro, acende-se as velas e repete-se:

sanus ossa mea sunt: et labia circa dentes meos

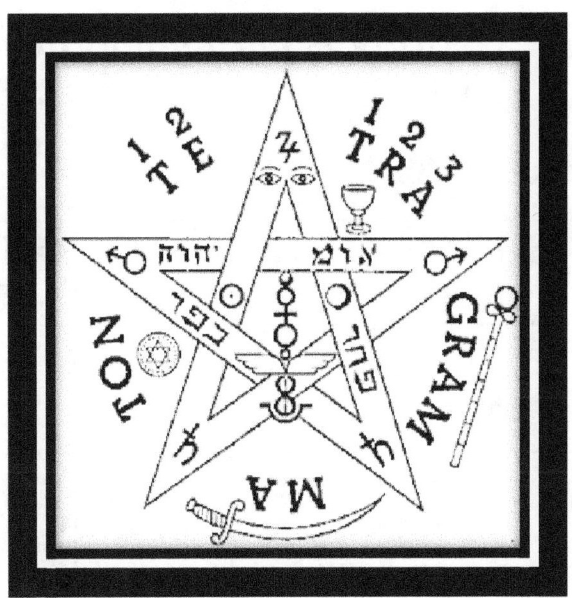

Símbolo do Tetragrammaton

Rituais para o mês de junho

junho de 2024

Domingo	Segunda-feira	Terça-feira	Quarta-feira	Quinta-feira	Sexta-feira	Sábado
						1
			5	6 Lua Nova		8
	10					
				20 Lua Cheia	21	
23		25	26			29
30						

6 de junho de 2024 Lua Nova de Gémeos 16°17'.

20 de junho de 2024 Lua Cheia Capricórnio 1°06'.

Os melhores rituais para o dinheiro

6,13,20, 27 são quintas-feiras, dias de Júpiter.

Feitiço cigano para a prosperidade

Arranja um pote de barro de tamanho médio e pinta-o de verde. No fundo, coloque um pouco de mirra, uma moeda e algumas gotas de azeite. Cubra-o com uma camada de terra e coloque sementes da sua planta preferida. Acrescenta canela e mais terra. Deve guardá-lo na sala de jantar da sua casa e regá-lo para que cresça.

Fumigação mágica para melhorar a sua economia doméstica.

Deve-se acender três brasas num recipiente de metal ou de barro e juntar uma colher de canela, alecrim e *cascas de maçã secas. Passa-se o recipiente pela casa, andando no sentido dos ponteiros do relógio.*

Depois, coloca-se pétalas de rosas brancas num balde de água e deixa-se repousar durante três horas.

Com esta água, limpará a sua casa.

Essência Milagrosa para Atrair Trabalho.

Num frasco de vidro escuro, coloque 32 gotas de álcool, 20 gotas de água de rosas, 10 gotas de água de alfazema e algumas folhas de jasmim.

Agita-se várias vezes pensando no que se quer atrair.

Coloca-se num difusor, pode ser utilizado em casa, na empresa ou como perfume pessoal.

Feitiço para lavar as mãos e atrair dinheiro.

É necessário um pote de barro, mel e água da Lua Cheia.

Lave as suas mãos com este líquido, mas mantenha a água dentro da panela.

Em seguida, deixar o pote em frente a um negócio próspero ou a um casino de jogo.

Os melhores rituais para o amor

Qualquer dia de junho de 2024. Exceto aos sábados.

É necessário:
- 1 vaso de flores vermelhas
- Mel
- Pentáculo n.º 1 de Vénus
- 1 vela de pirâmide vermelha
- Fotografia do ente querido
- 7 velas amarelas

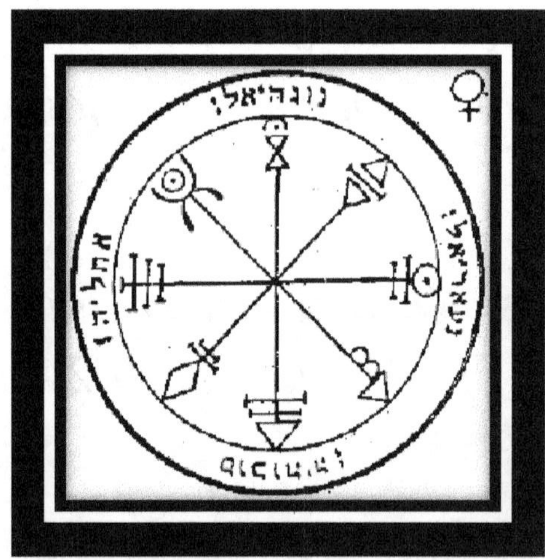

Pentáculo nº 1 de Vénus.

Acende-se as sete velas amarelas em forma de círculo. Depois escreve-se atrás do pentagrama de Vénus o seguinte encantamento:

"Peço-te que me ames toda a vida, meu querido amor" e o nome da outra pessoa. Enterra-se este pentagrama no vaso depois de o dobrar em cinco partes juntamente com a fotografia. Acende-se a vela vermelha e deita-se mel na terra do vaso.

Ao fazer esta operação, repete em voz alta o seguinte encantamento: "Graças ao poder do Amor, pedimos, para que (nome da pessoa), com um sentimento de amor verdadeiro que é o meu, seja preservado para que ninguém nem nenhuma força nos possa separar".

Quando as velas se queimam, deitamos os restos no lixo. Mantém-se a panela ao alcance da mão e cuida-se dela.

Feitiço erótico

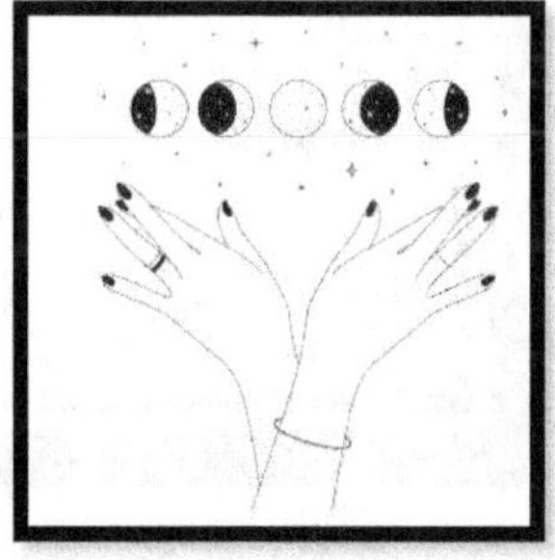

Recebe-se uma vela vermelha com a forma de um pénis ou de uma vagina (consoante o sexo da pessoa que lança o feitiço). Escreve-se o nome da outra pessoa na vela.

Deve consagrar-se com óleo de girassol e canela.

Deve-se acendê-lo uma vez por dia, deixando-o queimar apenas dois centímetros.

Quando a vela estiver completamente consumida, colocar os restos dentro de um saco de pano vermelho juntamente com o pentagrama de Marte nº 4.

Esta saqueta deve ser guardada debaixo do colchão durante quinze dias.

Após este período, pode deitá-lo fora no lixo.

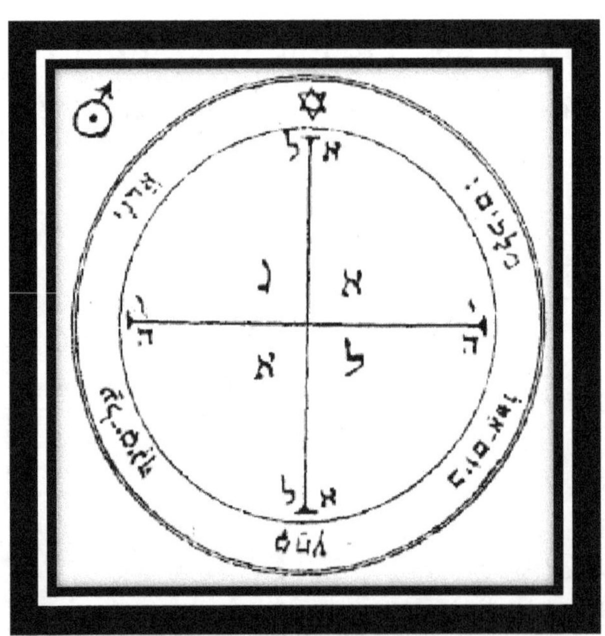

Pentáculo #4 Marte

Ritual do ovo para a atração

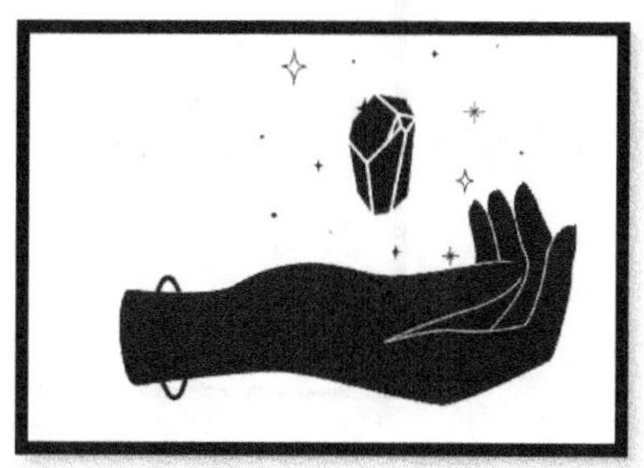

É necessário:
- 4 ovos
- Tinta amarela

Tens de pintar os quatro ovos de amarelo e escrever a palavra "ele vem até mim".

Pega-se em dois ovos e parte-se nos cantos da frente da casa da pessoa que se quer atrair.

Parte-se outro ovo em frente à casa dessa pessoa. No terceiro dia, atiras o quarto ovo para um rio.

Feitiço africano para o amor

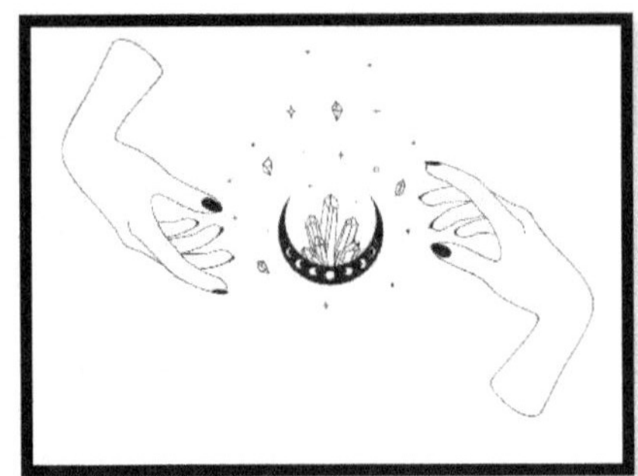

É necessário:
- 1 ovo
- 5 velas vermelhas
- 1 lenço preto
- Abóbora
- Óleo de canela
- 5 agulhas de costura
- Mel de abelha
- Azeite
- 5 pedaços de massa de pão
- Pimenta da Guiné

Abre-se um buraco na abóbora, depois de se ter escrito o nome completo da pessoa que se quer atrair num pedaço de papel, coloca-se dentro da abóbora.

Fura-se a abóbora com as agulhas repetindo o nome dessa pessoa. Deita-se os outros ingredientes na abóbora e envolve-se com o lenço preto. Deixa-se a cabaça assim embrulhada durante cinco dias diante das velas vermelhas, uma por dia. No sexto dia, enterra-se a abóbora na margem de um rio.

Os melhores rituais para a saúde

Qualquer dia de junho de 2024

Feitiço de emagrecimento

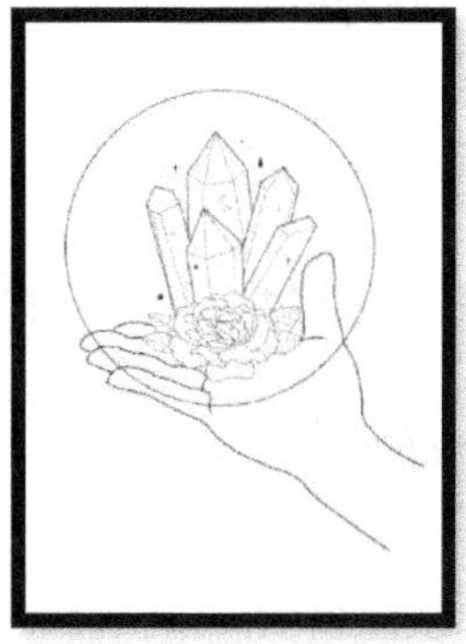

Pica-se o dedo com um alfinete e coloca-se 3 gotas de sangue e uma colher de açúcar num pedaço de papel branco, depois fecha-se o papel e envolve-se o sangue com o açúcar.

Coloca-se este papel num recipiente de vidro novo e sem padrão, enche-se o copo até meio com a sua urina, deixa-se passar a noite em frente a uma vela branca e enterra-se no dia seguinte.

Feitiço para manter uma boa saúde

Elementos necessários.

-1 vela branca.

-1 cartão sagrado do Anjo da sua devoção.

-3   incenso de sândalo.

-Carvões vegetais.

-Ervas secas de   eucalipto e manjericão.

-Uma   mão-cheia de arroz, uma mão-cheia de trigo.

-1 prato ou tabuleiro branco.

-8   pétalas de rosa cor-de-rosa.

-1 frasco de perfume, pessoal.

-1 caixa de madeira.

Deve-se limpar o quarto acendendo as brasas num recipiente metálico. Quando as brasas estiverem bem acesas, coloque as ervas secas sobre elas, pouco a pouco, e ande pelo quarto com o recipiente, para que as energias negativas sejam eliminadas.

Quando o incenso terminar, deve abrir as janelas para que o fumo se dissipe.

Preparar um altar sobre uma mesa coberta com uma toalha de mesa branca. Colocar o santinho escolhido em cima e, à volta, colocar os três incensos em forma de triângulo. Deve consagrar a vela branca, depois acendê-la e colocá-la em frente do anjo, juntamente com o perfume descoberto.

Deve estar relaxado, para isso deve concentrar-se na sua respiração. Visualize o seu anjo e agradeça-lhe por toda a saúde que tem e terá sempre, esta gratidão tem de vir do fundo do seu coração.

Depois de ter feito a sua ação de graças, dar-lhe-á como oferenda o punhado de arroz e o punhado de trigo, que deverá colocar dentro da bandeja ou do prato branco.

Espalhar todas as pétalas de rosa sobre o altar, agradecendo novamente os favores recebidos. Quando terminar de agradecer, deixar a vela acesa até se consumir completamente. A última coisa a fazer é juntar todos os restos da vela, do incenso, do arroz e do trigo, colocá-los num saco de plástico e atirá-lo para um local onde haja árvores sem o saco.

Coloque o cartão do anjo e as pétalas de rosa dentro da caixa e coloque-a num local seguro da sua casa. O perfume energizado, use-o quando sentir que as energias estão a baixar, enquanto visualiza o seu anjo e pede a sua proteção.

Banho de proteção antes de uma operação cirúrgica

Elementos necessários:

- Sino roxo

- Água de coco

- Cascarilha

- Colónia 1800

- Sempre vivo

- Folhas de hortelã

- Folhas de arruda

- Folhas de alecrim

- Vela branca

- Óleo de lavanda

Ferve-se todas as plantas na água de coco, quando arrefece, côa-se e junta-se a casca, a água-de-colónia, o óleo de lavanda e acende-se a vela na parte oeste da casa de banho. Deita-se a mistura na água da banheira. Se não tiveres uma banheira, deita-a sobre ti e não te sesses.

Rituais para o mês de julho

julho de 2024

Domingo	Segunda-feira	Terça-feira	Quarta-feira	Quinta-feira	Sexta-feira	Sábado
	1				5	6 Lua Nova
	8		10			
						20 Lua Cheia
21		23		25	26	
	29	30	31			

6 de julho de 2024 Lua Nova em Câncer 14°23'.

20 de julho de 2024 Lua Cheia Capricórnio 29°08'

Os melhores rituais para o dinheiro

A 6, 20 e 22 de julho, o Sol entra em Leão.

Limpeza para obter clientes.

Esmagar dez avelãs sem casca e um ramo de salsa num almofariz e num pilão.

Ferver dois litros de água da Lua Cheia e adicionar os ingredientes esmagados. Deixar ferver durante 10 minutos e depois coar.

Com esta infusão, limpará o chão da sua empresa, desde a porta de entrada até ao fundo.

Deve repetir esta limpeza todas as segundas e quintas-feiras durante um mês, se possível na altura do planeta Mercúrio.

Atrai a abundância material. Lua no Quarto Crescente

É necessário:

- 1 moeda de ouro ou um objeto de ouro, sem pedras.

- 1 moeda de cobre

- 1 moeda de prata

Durante uma noite de Lua Crescente, com as moedas nas mãos, dirija-se a um local onde os raios da Lua as iluminem.

Com as mãos levantadas, repete-se: "Lua, ajuda-me para que a minha fortuna cresça sempre e a prosperidade esteja sempre comigo".

Faça as moedas tocarem nas suas mãos.

Depois, guarda-os na carteira. Pode repetir este ritual todos os meses.

Feitiço para criar um escudo económico para a sua empresa ou trabalho.

É necessário:
- 5 pétalas de flores amarelas
- Sementes de girassol
- Casca de limão seca ao sol
- Farinha de trigo
- 3 moedas de uso corrente

Triturar as flores amarelas e as sementes de girassol num almofariz e pilão, depois juntar a raspa de limão e a farinha de trigo.

Misturar bem os ingredientes e guardá-los juntamente com as três moedas num frasco hermeticamente fechado.

Este preparado deve ser utilizado todas as manhãs antes de sair de casa.

Deve-se colocar primeiro as pontas dos cinco dedos da mão esquerda e depois da mão direita no frasco, depois esfregar nas palmas das mãos.

Qualquer dia de julho.

Feitiço de dinheiro expresso.

Este feitiço é mais eficaz se o lançar numa quinta-feira.

Vai encher uma taça de vidro com arroz.

Depois, acende-se uma vela verde (que se deve ter consagrado previamente) e coloca-se no centro da fonte.

Acende-se o incenso de canela e circula-se a fonte com o seu fumo seis vezes no sentido dos ponteiros do relógio.

Enquanto realiza este procedimento, repete mentalmente: "Abro a minha mente e o meu coração à riqueza.

A abundância vem até mim, agora e tudo está bem.

O universo está a irradiar riqueza para a minha vida agora. Os restos que se podem deitar fora no lixo.

Casa de banho para atrair ganhos económicos

É necessário:

- 1 planta de arruda

- Água florida

- 5 flores amarelas

- 5 colheres de sopa de mel

- 5 paus de canela

- 5 gotas de essência de sândalo

- 1 pau de incenso de sândalo

No primeiro dia da Lua Crescente, durante uma hora favorável à prosperidade, ferver todos os ingredientes durante cinco minutos, exceto a Aguaflorida e o incenso. Divida este banho porque deve fazê-lo durante cinco dias. O que não for utilizado deve ser mantido frio. Adicione um pouco de Aguaflorida ao preparado e acenda o incenso. Tomar banho e enxaguar como habitualmente. Gotejar lentamente o preparado desde o pescoço até aos pés. Fazer isto durante cinco dias consecutivos.

Os melhores rituais para a saúde

Qualquer dia de julho.

Feitiço para a dor crónica.

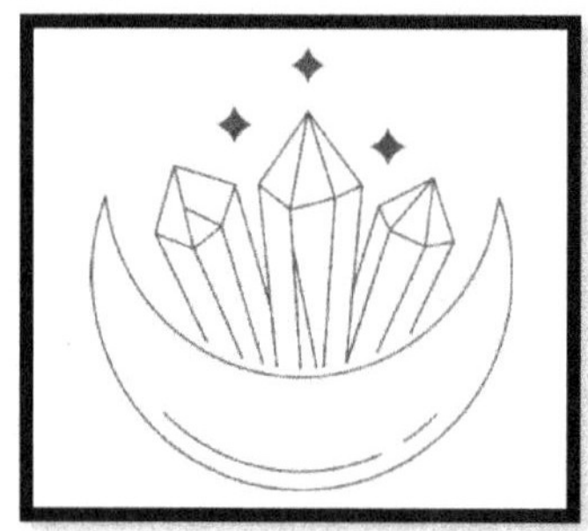

Elementos necessários:

-1 vela dourada

-1 vela branca

-1 vela verde

-1 Turmalina negra

-1 fotografia de si próprio ou de um objeto pessoal

-1 copo de água da lua

-Fotografia da   pessoa ou do objeto pessoal

Coloque as 3 velas em forma de triângulo e coloque a fotografia ou objeto pessoal no centro. Coloca-se o copo de água da lua em cima da fotografia e deita-se a turmalina no seu interior. Depois acende-se as velas e repete-se o seguinte encantamento: "Acendo esta vela *para conseguir o meu restabelecimento, invocando os meus fogos interiores e as salamandras e ondinas protetoras, para que transmutem esta dor e mal-estar em energia curativa de saúde e bem-estar. Repetir esta oração 3 vezes. Quando terminar a oração, pegue no copo, retire a turmalina e deite a água num ralo da casa, apague as velas com os dedos e guarde-as para repetir este feitiço até estar totalmente recuperado. A turmalina pode ser usada como amuleto de saúde.*

Feitiço para melhoria imediata

Pegue numa vela branca, numa vela verde e numa vela amarela. Consagra-as (desde a base até ao pavio) com essência de pinheiro e coloca-as numa mesa com uma toalha azul-clara, em forma de triângulo. No centro, coloca-se um pequeno recipiente de vidro com álcool e uma pequena ametista. Na base do recipiente, um pedaço de papel com o nome da pessoa doente ou uma fotografia com o seu nome completo no verso e a data de nascimento. Acender as três velas e deixá-las acesas até se consumirem completamente. Enquanto faz este ritual, visualize a pessoa completamente saudável.

agosto de 2024

Domingo	Segunda-feira	Terça-feira	Quarta-feira	Quinta-feira	Sexta-feira	Sábado
				1		
4 Lua Nova	5			8		10
18 Lua Cheia		21		23		
25	26			29	30	31

4 de agosto de 2024 Lua Nova Leão 12°33

18 de agosto de 2024 Lua Cheia Aquário 27°14'.

Os melhores rituais para o dinheiro

4,5 agosto de 2024

Espelho mágico para o dinheiro. Lua Cheia

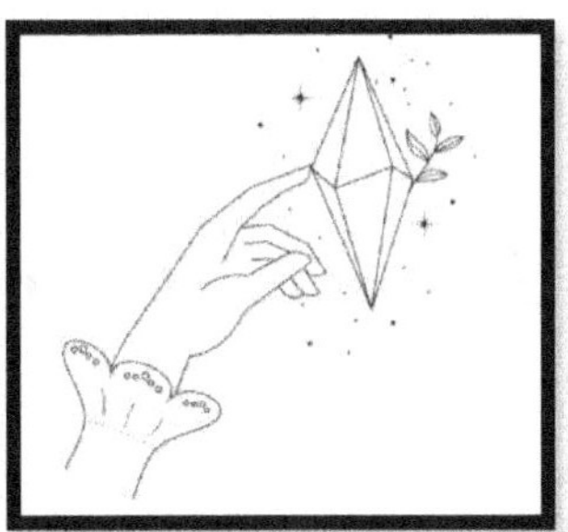

Arranjar um espelho com 40 a 50 cm de diâmetro e pintar a moldura de preto. Lave o espelho com água benta e cubra-o com um pano preto.

Na primeira noite de lua cheia, exponha-o aos raios lunares para que possa ver todo o disco lunar no espelho. Peça à lua que consagre este espelho para iluminar os seus desejos.

Na noite de Lua Cheia seguinte, desenhe com um lápis de lábios o símbolo do dinheiro 7 vezes ($$$$$$$).

Feche os olhos e visualize-se com toda a abundância material que deseja. Deixe os símbolos desenhados até à manhã seguinte.

Depois, limpa-se o espelho com água benta até não restarem vestígios da tinta que se usou. Volte a colocar o espelho num local onde ninguém lhe toque.

Para repetir o feitiço, é necessário recarregar a energia do espelho três vezes por ano em Luas Cheias.

Se o fizerem numa hora planetária que tenha a ver com a prosperidade, estarão a acrescentar uma supre energia à vossa intenção.

Ritual para acelerar as vendas. Lua Nova

Esta é uma receita eficaz para a proteção do dinheiro, a multiplicação das vendas no seu negócio e a cura energética do local.

É necessário:

-1 vela verde
-1 moeda
- Sal marinho
-1 pitada de pimenta

Este ritual deve ser realizado numa quinta-feira ou num domingo, à hora do planeta Júpiter ou do Sol.

Não deve haver outras pessoas nas instalações da empresa.

Acenda a vela e, à sua volta, em forma de triângulo, coloque a moeda, uma mão-cheia de sal e a pitada de pimenta.

É essencial que coloque a pimenta à direita e a mão-cheia de sal à esquerda. A moeda deve estar no topo da pirâmide.

Permaneça durante alguns minutos em frente à vela e visualize tudo o que deseja em termos de prosperidade.

Os restos que pode deitar fora, a moeda que guarda no seu local de trabalho para proteção.

Os melhores rituais para o amor
Qualquer sexta-feira, dia de Vénus.

Os melhores rituais para o amor

7,14, 21,28, 31 de julho.

Feitiço para fazer alguém pensar em si

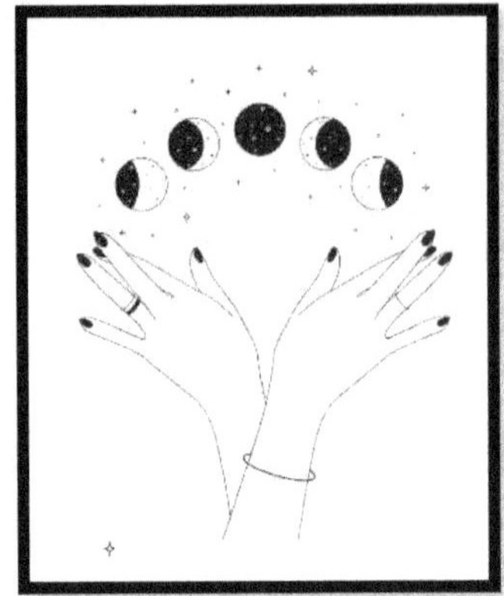

Arranje um pequeno espelho que as mulheres utilizam para se maquilharem e coloque uma fotografia sua atrás do espelho.

Em seguida, tira uma fotografia da pessoa que quer que pense em si e coloca-a virada para baixo em frente ao espelho (de modo que as duas fotografias fiquem viradas uma para a outra, com o espelho entre elas).

Envolver o espelho com um pedaço de pano vermelho e atá-lo com fio vermelho para que fique seguro e as fotografias não se possam mover.

Este deve ser colocado debaixo da cama, bem escondido.

Feitiço para o transformar num íman

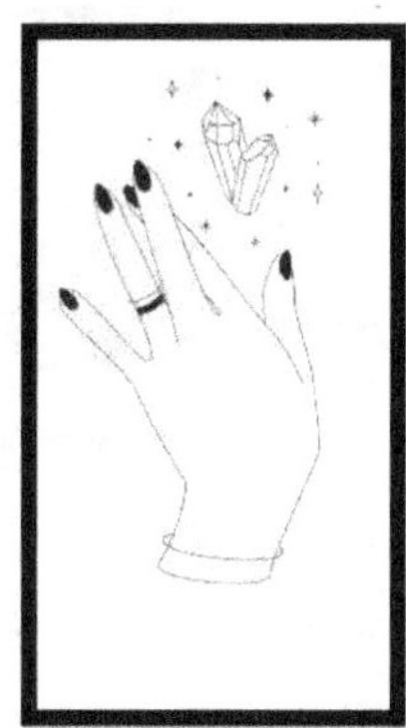

Para ter uma aura magnética e atrair mulheres ou homens, deve fazer um saco amarelo com o coração de uma pomba branca e os olhos de uma TARTARUGA em pó.

Se for homem, esta bolsa deve ser transportada no bolso direito.

As mulheres usarão esta mesma bolsa, mas dentro do sutiã, do lado esquerdo.

Os melhores rituais para a saúde

A 23 de agosto, o Sol entra em Virgem.

Banho ritual com ervas amargas

Este ritual é utilizado quando a pessoa foi tão fortemente enfeitiçada que a sua vida está em perigo.

Elementos necessários:
- 7 Folhas de murta
- Sumo de romã
- Leite de cabra
- Sal marinho
- Água sagrada
- Cascarilha
- 8 Folhas da planta quebra-muros

Deite o leite de cabra num recipiente grande, adicione o sumo de romã, a água benta, as plantas, o sal marinho e a cascarilha.

Deixar este preparado à frente de uma vela branca durante três horas e depois deitá-lo na cabeça. Deve dormir assim e enxaguar no dia seguinte.

Rituais para o mês de setembro

setembro de 2024

Domingo	Segunda-feira	Terça-feira	Quarta-feira	Quinta-feira	Sexta-feira	Sábado
1		3 Lua Nova		5		
8	9	10				
		17 Lua Cheia	18			21
	23		25	26		
29	30					

3 de setembro de 2024 Virgem Lua Nova 11°03'.

17 de setembro de 2024 Lua Cheia e Eclipse Parcial de Peixes 25°40'

3,13,20 setembro de 2024

Ritual para ganhar dinheiro em três dias.

Arranjar cinco paus de canela, uma casca de laranja seca, um litro de água da Lua Cheia e uma vela de prata. Ferva a canela e a casca de laranja na água da lua. Quando arrefecer, coloque-as num frasco de spray. Acenda a vela na parte norte da sala de estar da sua casa e pulverize todas as divisões com o líquido. Enquanto o faz, repita na sua mente: "Os Guias Espirituais protegem a minha casa e permitem-me receber o dinheiro de que preciso imediatamente".

Quando terminar, deixe a vela acesa.

Dinheiro com um Elefante Branco

Comprar um elefante branco com a tromba para cima.

Coloque-o virado para o interior da sua casa ou empresa, nunca em frente às portas.

No primeiro dia de cada mês, colocar uma nota do valor mais baixo na tromba do elefante, dobrá-la em dois no sentido do comprimento e repetir: "Que isto seja o dobro de 100"; depois dobrá-la novamente no sentido da largura e repetir: "Que isto seja multiplicado por mil".

Desdobrar o bilhete e deixá-lo na tromba do elefante até ao mês seguinte.

Repetir o ritual, mudando as notas.

Ritual para ganhar a lotaria.

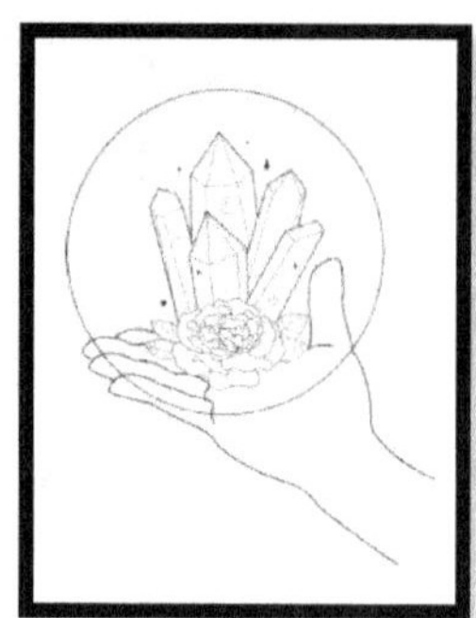

É necessário:
- 2 velas verdes
- 12 moedas (representando os doze meses do ano)
- 1 tangerina
- Paus de canela
- Pétalas de 2 rosas vermelhas
-1 frasco de vidro de boca larga com tampa
-1 bilhete de lotaria antigo
- Água da Lua Cheia

Colocar a tangerina no frasco, o bilhete de lotaria, as moedas, as pétalas e a canela à volta, cobrir com a água da lua e tapar. Coloque a vela na tampa do frasco e acenda-a. No dia seguinte, substitui-se a vela por uma nova e, no terceiro dia, destapa-se o recipiente, deita-se tudo fora, exceto as moedas, que servirão de amuleto. Guarde uma na sua carteira e deixe as outras onze em casa. No final do ano, deves gastar as moedas.

Qualquer sexta-feira de setembro de 2024

Ritual para eliminar litígios

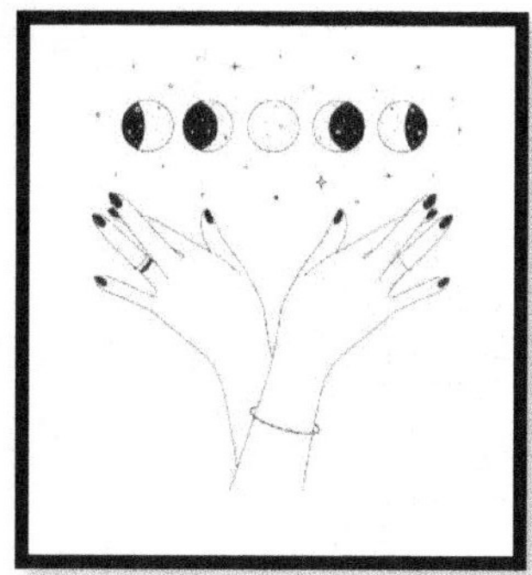

Escreve numa folha de papel os nomes completos de si e do seu parceiro. Coloca-o debaixo de uma pirâmide de quartzo rosa e repete mentalmente: "Eu (o seu nome) estou em paz e harmonia com o meu parceiro (o nome do seu parceiro), o amor rodeia-nos agora e sempre".

Esta pirâmide com os nomes deve ser guardada na zona do amor da sua casa. O canto inferior direito da porta de entrada é a zona dos casais, do amor, do casamento ou das relações.

Ritual para ser correspondido no Amor

Durante um período de cinco dias e à mesma hora, deve fazer uma pirâmide no chão com pétalas de rosas vermelhas. Numa vela verde escreve-se o nome da pessoa por quem se quer apaixonar, acende-se e coloca-se no centro da pirâmide, por cima do pentagrama nº 3 de Vénus.

Senta-se em frente a esta pirâmide e repete mentalmente: "Invoco todas as forças elementares do universo para que (nome da pessoa) retribua o meu amor". Passado este tempo, pode deitar os restos das velas no lixo e o pentagrama deve ser queimado.

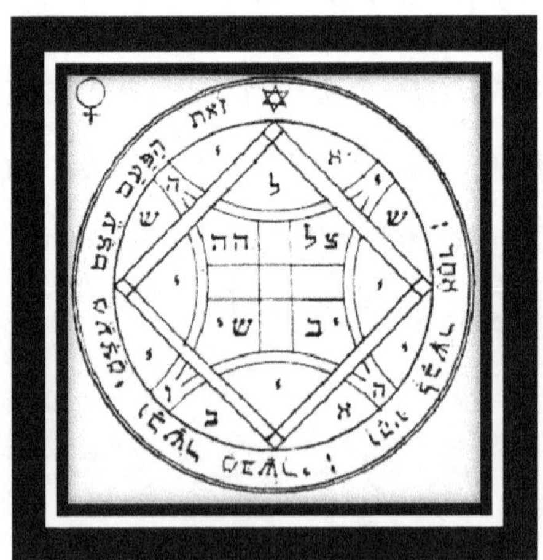

Pentáculo #3 Vénus.

Os melhores rituais para a saúde

Qualquer dia de setembro. De preferência, segunda e sexta-feira.

Banho de Cura

Elementos necessários:

- Beringela

- Ruda
- Espírito
- Cascarilha
- Água da Flórida
- Água da chuva
- Vela verde (mais eficaz se for em forma de pirâmide)

Este banho é mais eficaz se o fizermos num domingo, à hora do Sol ou de Júpiter. Corte a beringela em pedaços pequenos e coloque-a numa caçarola grande.

De seguida, ferver a salva e a arruda na água da chuva. Coe o líquido sobre os pedaços de beringela, junte a Aguaflorida, a aguardente, a cascarilha e acenda a vela.

Deitar a mistura na água do banho. Se não tiver uma banheira, deite-a por cima e seque-se com o ar, ou seja, não use uma toalha.

Banho de proteção antes de uma operação cirúrgica

Elementos necessários:

- Sino roxo
- Água de coco
- Cascarilha
- Colónia 1800
- Sempre vivo
- Folhas de hortelã
- Folhas de arruda
- Folhas de alecrim
- Vela branca
- Óleo de lavanda

Este banho é mais eficaz se o fizer numa quinta-feira, na altura da Lua ou de Marte.

Ferve-se todas as plantas na água de coco, quando arrefece, côa-se e junta-se a casca, a água-de-colónia, o óleo de lavanda e acende-se a vela na parte ocidental da casa de banho.

Deite a mistura na água da banheira. Se não tiver uma banheira, deite-a sobre si e não se seque.

Rituais para o mês de outubro

outubro de 2024

Domingo	Segunda-feira	Terça-feira	Quarta-feira	Quinta-feira	Sexta-feira	Sábado
		1	2 Lua Nova			5
		8		10		
			16 Lua Cheia			
	21		23		25	26
		29	30	31		

2 de outubro de 2024 Eclipse solar anular em Libra e Lua Nova 10°02'.

16 de outubro de 2024 Áries Lua Cheia 24°34' Áries

Os melhores rituais para o dinheiro

2, 17, 31 de outubro de 2024.

Feitiço com açúcar e água do mar para a prosperidade.

É necessário:
- Água do mar
- 3 colheres de sopa de açúcar
- 1 copo de cristal azul

Encher a chávena com água do mar e o açúcar, deixá-la ao ar livre na primeira noite da Lua Cheia e retirá-la do sereno às 6 horas da manhã.

Depois, abra as portas da sua casa e comece a borrifar a água com açúcar da entrada para as traseiras, use um frasco de spray, enquanto o faz deve repetir na sua mente: "Eu atraio para a minha vida toda a prosperidade e riqueza que o universo sabe que eu mereço, obrigado, obrigado, obrigado".

La Canela

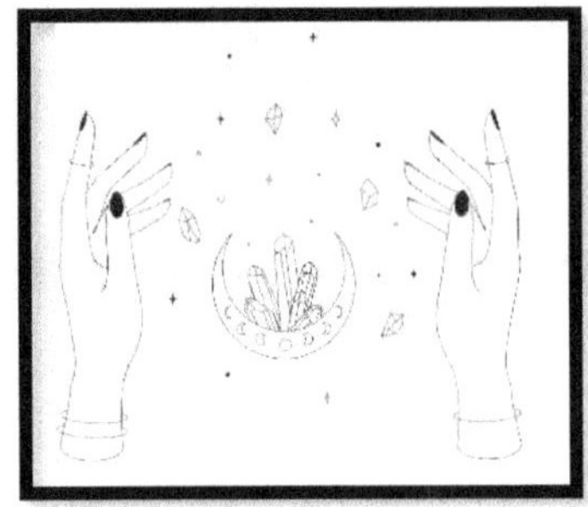

É utilizada para purificar o corpo. Em certas culturas, acredita-se que tem o poder de ajudar à imortalidade. De um ponto de vista mágico, a canela está ligada ao poder da lua devido à sua tendência feminina.

Ritual para atrair dinheiro instantaneamente.

É necessário:
- 5 paus de canela
- 1 casca de laranja seca
- 1 litro de água benta
- 1 vela verde

Leve a canela, a casca de laranja e 1 litro de água a ferver, depois deixe a mistura repousar até arrefecer. Verta o líquido para um frasco de spray.

Acenda a vela na parte norte da sala de estar da sua casa e polvilhe todas as divisões, repetindo: "Anjo da Abundância, invoco a tua presença nesta casa para que nada nos falte e tenhamos sempre mais do que precisamos".

Quando terminar, dê graças três vezes e deixe a vela acesa.

Pode fazê-lo num domingo ou numa quinta-feira, à hora do planeta Vénus ou de Júpiter.

Os melhores rituais para o amor
Qualquer dia de outubro de 2024.

Feitiço para esquecer um antigo amor

É necessário:
- 3 velas amarelas em forma de pirâmide
- Sal marinho
- Vinagre branco
- Azeite
- Papel amarelo

- 1 saqueta preta

Este ritual é mais eficaz se for efetuado durante a fase da Lua Minguante.

Escreva o nome da pessoa que deseja afastar da sua vida no centro do papel com o azeite.

Depois, colocam-se as velas em cima, em forma de pirâmide.

Enquanto faz isto, repita na sua mente: "O meu anjo da guarda vela pela minha vida, este é o meu desejo e vai realizar-se".

Quando as velas estiverem consumidas, embrulhe todos os restos no mesmo papel e polvilhe-o com o vinagre.

Em seguida, coloque-o no saco preto e deite-o fora num local afastado da sua casa, de preferência onde haja árvores.

Feitiço para atrair a sua alma gémea

É necessário:
- *Folhas de alecrim*
- *Folhas de salsa*
- *Folhas de manjericão*
- *Contentor metálico*
- *1 vela vermelha em forma de coração*
- *Óleo essencial de canela*
- *1 coração desenhado em papel vermelho*
- *Álcool*
- *Óleo de lavanda*

Deve primeiro consagrar a vela com o óleo de canela, depois acendê-la e colocá-la ao lado do recipiente de metal. Misture todas as plantas no recipiente. Escreva no coração de papel todas as características da pessoa que quer na sua vida, escreva os pormenores. Deite cinco gotas de óleo de lavanda no papel e coloque-o dentro do recipiente. Polvilhe-o com o álcool e deite-lhe fogo. Todos os restos devem ser espalhados na praia, enquanto isso, concentre-se e peça para que essa pessoa entre na sua vida.

Ritual para atrair o Amor

É necessário
- Óleo de rosa
- 1 quartzo rosa
- 1 maçã
- 1 rosa vermelha num vaso pequeno
- 1 rosa branca num vaso pequeno
- 1 fita vermelha comprida
- 1 vela vermelha

Para uma eficácia máxima, este ritual deve ser realizado numa sexta-feira ou num domingo, à hora do planeta Vénus ou Júpiter.

É necessário consagrar a vela antes de iniciar o ritual com óleo de rosas. Acender a vela. Corte a maçã em dois pedaços e coloque um no vaso de rosas vermelhas e outro no vaso de rosas brancas. Atar a fita vermelha à volta dos dois vasos. Deixe-os ao lado da vela durante a noite até a vela se apagar. Enquanto faz isto, repita no seu espírito: "Que apareça no meu caminho a pessoa destinada a fazer-me feliz, eu recebo-a e aceito-a". Quando as rosas estiverem secas, juntamente com as metades das maçãs, enterre-as no seu quintal ou num vaso com o quartzo rosa.

Os melhores rituais para a saúde
Todos os domingos de outubro de 2024

Ritual de reforço da vitalidade

Mergulhe uma pirâmide de alumínio num balde de água durante 24 horas. No dia seguinte, depois do seu banho habitual, lave-se com esta água. Este ritual pode ser efetuado uma vez por semana.

Rituais para o mês de novembro

novembro de 2024

Domingo	Segunda-feira	Terça-feira	Quarta-feira	Quinta-feira	Sexta-feira	Sábado
					1 Lua Nova	
		5			**8**	
10					**15** Lua Cheia	
				21		**23**
	25	**26**			**29**	**30** Lua Nova

1 de novembro de 2024 Lua Nova de Escorpião 9°34

15 de novembro de 2024 Lua Cheia Touro 24°00'

30 de novembro de 2024 Lua Nova Sagitário 9°32'

Os melhores rituais para ganhar dinheiro

1,15,30 de novembro de 2024

Faça o seu dinheiro a fazer pedra

É necessário:

- Água benta

- 7 moedas de qualquer valor facial

- 7 pedras de pirite

- 1 vela verde

- 1 colher de chá de canela

- 1 colher de chá de sal marinho

- 1 colher de chá de açúcar mascavado

- 1 colher de chá de arroz

Este ritual deve ser efetuado à luz da lua cheia, ou seja, ao ar livre.

Deita-se a água com a terra numa tigela de modo a obter uma massa espessa. Juntar as colheres de chá de sal, o

açúcar, o arroz e a canela à mistura e colocar as 7
moedas e as 7 pirites em sítios diferentes no meio da
mistura. Misturar a massa de forma homogénea e alisá-la
com uma colher. Deixar o recipiente à luz da lua cheia
durante toda a noite e parte do dia seguinte ao sol para
secar. Uma vez seco, leve-o para dentro de casa e
coloque a vela verde acesa em cima dele. Não limpe os
resíduos de cera desta pedra. Coloque-a na sua cozinha,
o mais perto possível de uma janela.

Os melhores rituais para o amor
Todas as sextas e segundas-feiras de novembro.

Espelho mágico do amor

*Arranjar um espelho com 40 a 50 cm de diâmetro e
pintar a moldura de preto. Lave o espelho com água benta
e cubra-o com um pano preto. Na primeira noite de lua
cheia, deixa-se o espelho exposto aos seus raios para que
se possa ver todo o disco lunar no espelho.*

*Peça à Lua que consagre este espelho para iluminar
os seus desejos.*

*Na noite seguinte à Lua Cheia, escreva com um lápis
de cera tudo o que deseja em matéria de amor. Especifica
como quer que a sua companheira seja em todos os*

aspetos. Fecha os olhos e visualiza-se feliz e com ela. Deixa as palavras escritas para a manhã seguinte.

Depois, limpa-se o espelho com água benta até não restarem vestígios da tinta que se usou. Coloca-se o espelho num local onde ninguém lhe toque.

Para poder repetir este feitiço, é necessário recarregar o espelho três vezes por ano com a energia das Luas Cheias. Se o fizeres numa hora planetária que tenha a ver com o amor, estarás a acrescentar um supre poder à tua intenção.

Feitiço para aumentar a paixão

É necessário:
- 1 folha de papel verde
- 1 maçã verde
- Fio vermelho
- 1 faca

Este ritual tem de ser realizado numa sexta-feira, à hora do planeta Vénus.

Escreve o nome do teu parceiro e o teu nome na folha de papel verde e desenha um coração à volta.

Corte a maçã ao meio com a faca e coloque o papel entre as duas metades.

Em seguida, amarrar as metades com a linha vermelha e dar 5 nós.

Vais dar uma dentada na maçã e engolir esse pedaço.

À meia-noite, os restos da maçã são enterrados o mais próximo possível da casa do seu parceiro ou, se viverem juntos, no seu jardim.

Os melhores rituais para a saúde
Todas as quintas-feiras de novembro de 2024

Ritual para eliminar uma dor

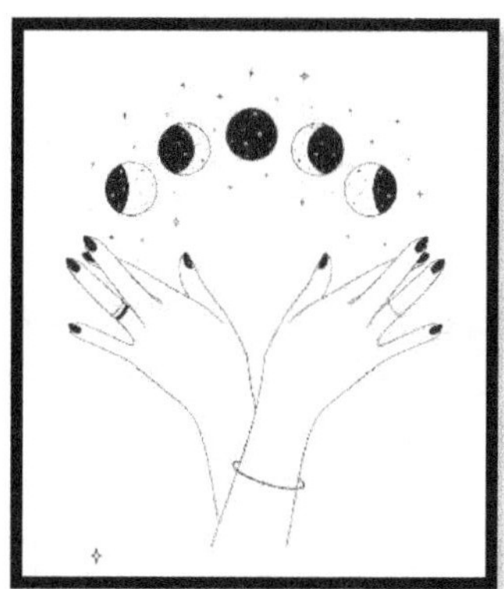

Deite-se de costas com a cabeça virada para Norte e coloque uma pirâmide amarela na parte inferior do abdómen durante 10 minutos, e as doenças desaparecerão.

Ritual de relaxamento

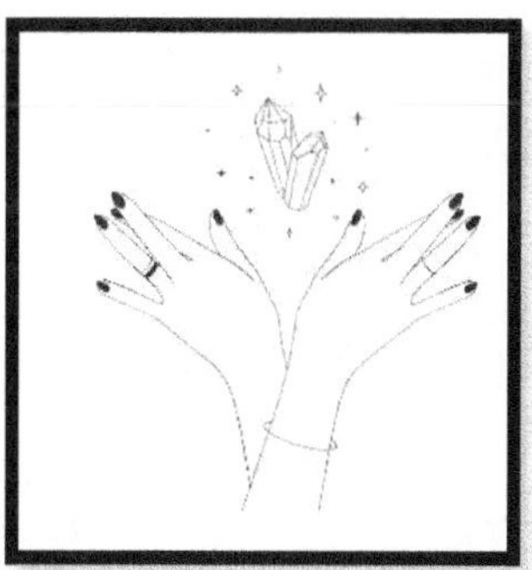

Pegue numa pirâmide violeta e deite-se de costas com os olhos fechados, mantenha a mente em branco e respire suavemente. Nesse momento, sentirá os braços, as pernas e o tórax a ficarem dormentes.

Em seguida, senti-los-á mais pesados, o que significa que está totalmente relaxado, este ritual gera paz e harmonia.

Ritual para uma velhice saudável

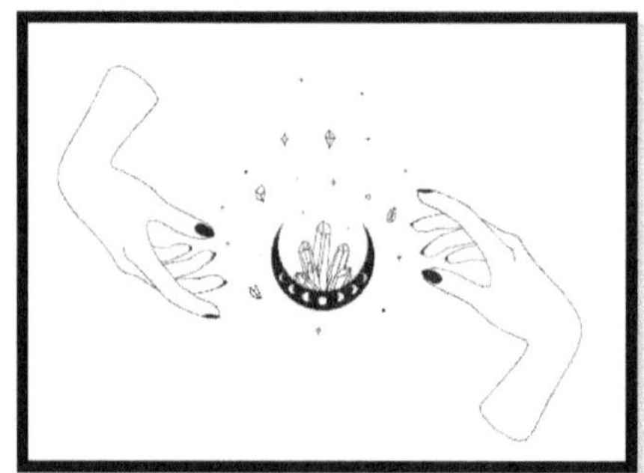

Pegue num ovo grande e pinte-o de dourado.

Quando a tinta secar, coloca-a dentro de um círculo que farás com 7 velas (1 vermelha, 1 amarela, 1 verde, 1 cor-de-rosa, 1 azul, 1 roxa, 1 branca). Senta-se em frente ao círculo com a cabeça coberta por um lenço branco e acende as velas no sentido dos ponteiros do relógio. Repita as seguintes afirmações enquanto acende as velas:

Estou a tornar-me a melhor versão de mim próprio.
As minhas possibilidades são infinitas.
Tenho a liberdade e o poder de criar a vida que quero.
Eu escolho ser gentil comigo mesmo e amar-me incondicionalmente.
Faço o que posso, e isso é suficiente.

Cada dia é uma oportunidade para começar de novo.

Onde quer que eu esteja na minha jornada é onde eu pertenço.

Deixar as velas apagarem-se.

Em seguida, enterrar o ovo dentro de um vaso de barro e enchê-lo com areia da praia, deixando-o exposto à luz do sol e da lua durante três dias e três noites consecutivas.

Guardarás este pote dentro de casa durante três anos, depois desse tempo desenterras o ovo, partes a casca e o que encontrares lá dentro deixas em tua casa como amuleto protetor.

Feitiço para curar os doentes graves

Coloca-se o diagnóstico do médico e uma fotografia atual da pessoa num recipiente metálico. Coloca-se duas velas verdes de cada lado do recipiente e acende-se.

Queimar o conteúdo do recipiente e, enquanto arde, juntar o cabelo da pessoa.

Quando só houver cinzas, colocá-las num envelope verde, o doente deve dormir com este envelope debaixo da almofada durante 17 dias.

dezembro de 2024

Domingo	Segunda-feira	Terça-feira	Quarta-feira	Quinta-feira	Sexta-feira	Sábado
1				5		
8		10				14 ◯ Lua Cheia
			18			21
	23		25	26		
29	30 Lua Nova	31				

15 de dezembro de 2024 Lua Cheia de Gémeos 23°52' Lua Cheia de Gémeos

30 de dezembro de 2024 Lua Nova de Capricórnio 9°43

<h1 align="center">Os melhores rituais para o dinheiro</h1>

14, 20 e 30 de dezembro de 2024

<h2 align="center">Ritual hindu para atrair dinheiro.</h2>

Os dias perfeitos para este ritual são a quinta-feira ou o domingo, à hora do planeta Vénus, Júpiter ou do Sol.
É necessário:
- Óleo essencial de arruda ou de manjericão
 - 1 moeda de ouro
 - 1 carteira ou porta-moedas novo
 - 1 espiga de trigo
- 5 pirites

Deve-se consagrar a moeda de ouro ungindo-a com óleo de manjericão ou arruda e dedicando-a a Júpiter. Enquanto a unges, repete mentalmente:

"Quero que sature esta moeda com a sua energia para que a abundância económica entre na minha vida".

Depois, deita-se óleo na espiga de trigo e oferece-se a Júpiter, pedindo-lhe que não falte comida em tua casa. Pegas na moeda, juntamente com as cinco pirites, e colocas no porta-moedas novo, que deves enterrar no lado esquerdo da frente da tua casa. A espiga de milho será guardada na cozinha da tua casa.

Dinheiro e Abundância para todos os membros da família.

É necessário:
- 4 recipientes de barro
- 4 pentáculos #7 de Júpiter (pode imprimi-los)

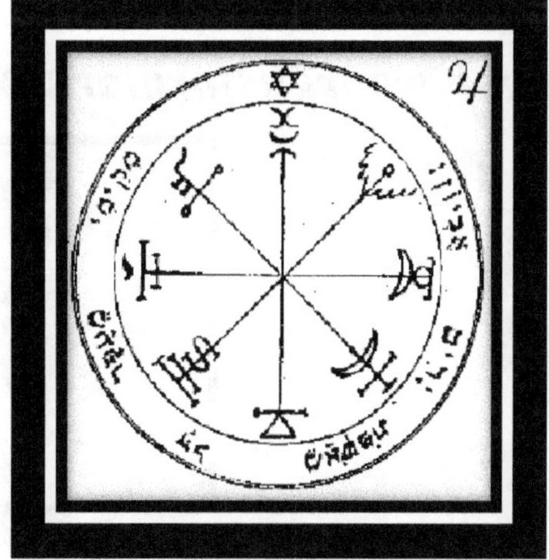

Pentáculo nº 7 de Júpiter.

- Mel
- 4 citrinos

Na sexta-feira, à hora do planeta Júpiter, escreva os nomes de todas as pessoas que vivem em sua casa nas costas do sétimo pentagrama de Júpiter.

Depois, coloca-se cada pedaço de papel nos vasos de barro juntamente com as citrinas e deita-se mel sobre eles. Coloca os vasos nos quatro pontos cardeais da tua casa. Deixa-os lá durante um mês. No final desse tempo, deita fora o mel e os pentáculos, mas mantém as citrinas na sua sala de estar.

Os melhores rituais diários para o amor
Sexta-feira e domingo, dezembro de 2024

Ritual para transformar uma amizade em amor

Este ritual é mais poderoso se for realizado numa terça-feira à hora de Vénus.

É necessário:

- 1 fotografia de corpo inteiro da pessoa amada
- 1 espelho pequeno
- 7 do seu cabelo
- 7 gotas do seu sangue
- 1 vela de pirâmide vermelha
- 1 saqueta dourada

Deite as gotas do seu sangue no espelho, coloque o cabelo por cima e espere que seque. Colocar a fotografia em cima do espelho (quando o sangue estiver seco).

Acende-se a vela e coloca-se à direita do espelho, concentra-se e repete-se:

"Estamos unidos para sempre pelo poder do meu sangue e pelo poder de (nome da pessoa que amas) o amor que sinto por ti. A amizade acaba, mas o amor eterno começa".

Quando a vela estiver consumida, deve colocar tudo dentro do saco dourado e atirá-lo ao mar.

Feitiço de amor germânico

Este feitiço é mais eficaz se o lançar durante a fase de Lua Cheia, às 23:59 da noite.

É necessário:
- 1 fotografia da pessoa amada
- 1 fotografia sua
- 1 Coração de pomba branca
- 13 pétalas de girassol
- 3 pinos
- 1 vela cor-de-rosa
- 1 vela azul
- 1 agulha de costura nova
- Açúcar mascavado
- Canela em pó
- 1 mesa

Colocar as fotografias em cima do quadro, colocar o coração por cima e espetar os três alfinetes. Envolva-os com as pétalas de girassol, coloque a vela cor-de-rosa à esquerda e a vela azul à direita e acenda-as pela mesma ordem.

Pica-se o dedo indicador da mão esquerda e deixam-se cair três gotas de sangue sobre o coração. Enquanto o sangue cai, repete-se três vezes: "Pelo poder do sangue, tu (nome da pessoa) pertences-me".

Quando as velas estiverem consumidas, enterra-se tudo e, antes de fechar o buraco, coloca-se canela em pó e açúcar mascavado.

Feitiço de vingança

É necessário:
- 1 pedra de rio
- Pimento vermelho
- Fotografia da pessoa que roubou o seu amor
- 1 pote
- Solo do cemitério
- 1 vela preta

Deve escrever no verso da fotografia o seguinte encantamento: "Pelo poder da vingança, prometo-te que me retribuirás e que não voltarás a fazer mal a ninguém, estás anulado.

(nome da pessoa)".

Em seguida, coloca-se a fotografia da pessoa no fundo do vaso e coloca-se a pedra por cima, deita-se a terra do cemitério e a pimenta vermelha, por esta ordem.

Acende a vela preta e repete o mesmo encantamento que escreveu atrás da fotografia. Quando a vela se queimar, deita-a no lixo e deixa o pote num local que seja uma montanha.

Os melhores rituais para a saúde

Qualquer quinta-feira de dezembro de 2024

Grelha cristalina para Saúde

*O primeiro passo é decidir qual o objetivo que quer manifestar. Escreverá numa folha de papel os seus desejos em relação à sua saúde, sempre no presente, não devendo conter a palavra **NÃO**. Um exemplo seria: "Tenho uma saúde perfeita".*

Elementos necessários.

- 1 quartzo ametista grande (o foco)
- 4 Lari mar
- 4 quartzo cornalina pequeno
- 6 quartzo olho de tigre
- 4 citrinos
- 1 Figura geométrica da Flor da Vida
- 1 Ponta de quartzo branco para ativar a grelha

Flor da Vida.

Estes quartzos devem ser limpos antes do ritual para purificar as suas pedras de quaisquer energias que possam ter absorvido antes de chegarem às suas mãos, o sal marinho é a melhor opção. Deixe-as com sal marinho durante a noite. Quando as retirar, pode também acender um paló santo e fumá-las para reforçar o processo de purificação.

Os padrões geométricos ajudam-nos a visualizar melhor como as energias se ligam entre os nodos; os nodos são os pontos decisivos na geometria, são as posições estratégicas onde se colocam os cristais, para que as suas energias interajam entre si criando correntes de energia de alta vibração, (como um circuito) que podemos desviar para a nossa intenção.

Vai procurar um lugar calmo porque quando trabalhamos com tramas cristalinas estamos a trabalhar com energias universais.

Pega nas pedras, uma a uma, e coloca-as na mão esquerda, que segura em forma de taça, cobre-a com a mão direita e repete em voz alta os nomes dos símbolos Reiki: Cho Ku Rei, Sei He Ki, Hon Sha Ze Sho Nen e Dai Ko Mio, três vezes consecutivas cada.
Fá-lo-á para dar energia às suas pedras.

*Dobre o papel e coloque-o no centro da grelha. Coloca-se o quartzo ametista grande em cima, esta pedra no centro é o foco, as outras colocam-se como no *exemplo.*

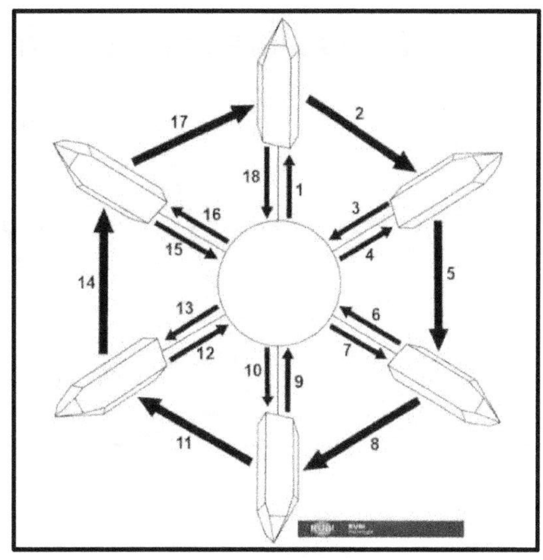

Vai ligá-los com a ponta de quartzo, começando pelo foco circular no sentido dos ponteiros do relógio.

Depois de ter montado a grelha, deixe-a num local onde ninguém lhe possa tocar. De tempos a tempos, deve voltar a ligá-la, ou seja, ativá-la com a ponta de quartzo, visualizando na sua mente o que escreveu no papel.

Regências Planetárias dos Dias.

Domingo - Sol
Segunda-feira - Lua
Terça-feira - Marte
Quarta-feira - Mercúrio
Quinta-feira - Júpiter
Sexta-feira - Vénus
Sábado - Saturno

Consagração das velas

Nos rituais mágicos, é importante consagrar as velas com óleos para atrair mais energia, esta unção é uma parte fundamental do processo.

Durante a consagração, deve concentrar-se no objetivo do ritual e este deve ser realizado no dia adequado do ponto de vista astrológico.

Os procedimentos são os seguintes:

Com os dedos da mão direita, espalhe algumas gotas de óleo sobre a vela, do centro para o pavio, tentando mantê-lo húmido. Em seguida, repita a mesma ação, mas do meio para a base da vela.

A outra forma de consagração consiste em espalhar o óleo sobre a vela de baixo para cima.

Este tipo de unção é exclusivamente para rituais de quebra de algo.

O terceiro e último modelo de bênção consiste em ungir de alto a baixo a vela que vamos utilizar no nosso ritual. Este tipo de consagração é exclusivo para as velas destinadas aos rituais de atração.

Círculo Mágico para os seus Rituais

O círculo mágico é um círculo consagrado no qual se realizam trabalhos secretos. É um espaço hermético para feitiços e rituais mágicos, atuando como uma barreira protetora contra as más energias.

Dentro deste círculo mágico, a pessoa que realiza o ritual pode invocar ou evocar qualquer ser espiritual de que necessite para a ajudar no ritual.
Os círculos mágicos são criados para que o mágico e as pessoas que participam no ritual permaneçam no local durante a operação mágica.
O círculo deve ser limpo e mantido sagrado para funcionar como uma parede protetora.

É preciso delimitar o espaço para o ritual antes de começar. Nem todas as pessoas desenham o círculo da mesma forma, experimentem o que é mais viável para vocês.
Determinar o espaço que vai utilizar no seu ritual é muito importante, examinar se tem de se sentar ou ficar de pé, se vai estar sozinho ou acompanhado por outras pessoas.

Deve confirmar que tem tudo o que precisa para o ritual antes de traçar o círculo. Se tiver de interromper o ritual por qualquer motivo, tente imaginar uma pequena porta no círculo, que pode fechar até regressar.
Desta forma, o círculo não é quebrado. Purifique o seu espaço ritual, limpe-o fisicamente, organize-o e aspire-o, se necessário. Purifique a área de energias negativas e pode começar a traçar o seu círculo.

Existem diferentes formas de o fazer, normalmente as pessoas traçam-no com uma varinha mágica ou à mão.

O instrumento que utiliza não precisa de tocar no chão, basta apontá-lo para baixo. Visualize a energia que vem do seu interior e concentre-a no seu braço dominante. Concentre-se através do seu instrumento e visualize um feixe de energia que emana dele e se funde com o solo. Alguns feiticeiros chamam os quatro pontos (norte, sul, este e oeste), se o ritual envolver invocações.

Em alguns casos, o círculo é marcado com velas ou pedras. É aconselhável imaginar o círculo como uma esfera de energia. Uma vez traçado o círculo, pode iniciar-se o ritual, mas nunca se deve esquecer a existência do círculo.

Para abrir o círculo, marca-se no sentido dos ponteiros do relógio e, para sair e fechar, no sentido contrário ao dos ponteiros do relógio.

Para proteger o seu círculo, e também para o marcar visualmente, pode colocar quatro turmalinas pretas nos quatro pontos cardeais.
Quando se fecha o círculo, pega-se neles e limpa-se com sal marinho.

Em conclusão, podemos resumir que os rituais são constituídos por duas fases significativas: a organização e a realização.

Durante a preparação, definimos o objetivo do ritual, a hora e o dia em que vamos começar, as cores adequadas, as velas, o incenso, a disposição do altar.

O vestuário que usa deve ser muito leve para permitir o movimento.
As cores podem ser brancas ou claras para que haja um fluxo energético. Os materiais necessários, bem como os textos.

Quando estamos prestes a prosseguir, ou seja, na fase de execução, devemos purificar o espaço, preparar o altar, estar relaxados não só espiritualmente como fisicamente. Abrir o círculo mágico e começar a visualizar o objetivo do ritual já cumprido.

As invocações são extremamente importantes, transcreva ou repita exatamente a oração que deve dizer no momento específico.

As invocações e as orações são configuradas em conjunto para serem o elo entre o mundo material, com o qual se trabalha, e o mundo espiritual para o qual se enviam vibrações.

Não alteres uma palavra, segue todas as instruções.

Por fim, não se esqueça que os seus guias espirituais, arcanjos, anjos ou santos são os intercessores junto de Deus ou do Universo para a realização dos seus desejos.

Dizer sempre as palavras com fé e confiança de que o que desejas se concretizará.

Não esquecer que as velas são acesas com fósforos de madeira, que as velas devem ser ungidas ou consagradas e, finalmente, fechar o círculo mágico.

Sobre o autor as

Para além dos seus conhecimentos astrológicos, Alina Rubi tem uma vasta formação profissional; tem certificações em Psicologia, Hipnose, Reiki, Cura Bioenergética com Cristais, Cura Angélica, Interpretação de Sonhos e é Instrutora Espiritual. Rubi tem conhecimentos de Gemologia, que utiliza para programar pedras ou minerais em poderosos Amuletos ou Talismãs de proteção.

Rubi tem um carácter prático e orientado para os resultados, o que lhe deu uma visão especial e integradora de vários mundos, facilitando-lhe a procura de soluções para problemas específicos. Alina escreve os Horóscopos Mensais para o sítio Web da Associação Americana de Astrólogos, que pode ser lido em www.astrologers.com.

Atualmente, escreve uma coluna semanal no jornal El Nuevo Herald sobre assuntos espirituais, publicada todos os domingos em formato digital e às segundas-feiras em papel. Também tem um programa e o Horóscopo semanal no canal YouTube do jornal. O seu Anuário

Astrológico é publicado todos os anos no jornal "Diario las Américas", com a coluna Rubi Astrologa.

Rubi escreveu vários artigos sobre astrologia para a publicação mensal "Today's Astrologer", deu aulas de Astrologia, Tarot, Leitura da Palma da Mão, Cura por Cristais e Esoterismo. Ela tem vídeos semanais sobre temas esotéricos no seu canal do YouTube: Rubi Astrologa. Teve o seu próprio programa de Astrologia transmitido diariamente na Flamingo T.V., foi entrevistada por vários programas de televisão e rádio, e todos os anos publica o seu "Anuário Astrológico" com o horóscopo signo a signo, e outros tópicos místicos interessantes.

É autora dos livros "Arroz e Feijão para a Alma" Parte I, II e III, uma compilação de artigos esotéricos, publicados em inglês, espanhol, francês, italiano e português. Dinheiro para Todos os Bolsos", "Amor para Todos os Corações", "Saúde para Todos os Corpos", Anuário Astrológico 2021, Horóscopo 2022, Rituais e Feitiços para o Sucesso em 2022, Feitiços e Segredos, Aulas de Astrologia, Rituais e Encantos 2024 e Horóscopo Chinês 2024 estão disponíveis em cinco línguas: inglês, italiano, francês, japonês e alemão.

Rubi é fluente em inglês e espanhol, combinando todos os seus talentos e conhecimentos nas suas leituras. Atualmente reside em Miami, Florida.

Alina A. Rubi é filha de Alina Rubi. Atualmente, estuda psicologia na Florida Internacional University.

Desde criança que se interessa por todos os assuntos metafísicos e esotéricos e pratica astrologia e Cabala desde os quatro anos de idade. Tem conhecimentos de Tarot, Reiki e Gemologia. Além de autora, é também editora, juntamente com a sua irmã Angeline A. Rubi, de todos os livros publicados por ela e pela sua mãe.

*Para mais informações, contacte-a por correio eletrónico: **rubiediciones29@gmail.com***

Bibliografia

Material dos livros "Amor para todos os corações", "Dinheiro para todos os bolsos" e "Saúde para todos os corpos" publicados pelos autores. Artigos publicados por um dos autores no Diario Las Américas e no Nuevo Herald.